ÉTICA
URGEN

TE!

Fernando Savater

Tradução e notas: Newton Cunha

SERVIÇO SOCIAL DO COMÉRCIO
Administração Regional no Estado de São Paulo

Presidente do Conselho Regional
Abram Szajman
Diretor Regional
Danilo Santos de Miranda

Conselho Editorial
Ivan Giannini
Joel Naimayer Padula
Luiz Deoclécio Massaro Galina
Sérgio José Battistelli

Edições Sesc São Paulo
Gerente Marcos Lepiscopo
Gerente adjunta Isabel M. M. Alexandre
Coordenação editorial Clívia Ramiro, Cristianne Lameirinha
Produção editorial Rafael Fernandes Cação, José Ignacio Mendes
Coordenação gráfica Katia Verissimo
Coordenação de comunicação Bruna Zarnoviec Daniel

Nota à edição brasileira

Finita, a vida é urgente. Porém, a perda de sentido dessa palavra associa-se, cada vez mais, à banalidade de seu uso. O que seria urgente, então? Neste livro, Fernando Savater debate a relevância da ética e da moral na contemporaneidade, a partir de questões relacionadas à educação, tecnologia, ciência, religião, política e democracia.

Ao retomar o que parece ter sido esquecido, isto é, a centralidade do homem como detentor desses valores e sujeito na criação de uma sociedade mais justa, Savater aponta a urgência de se estabelecer critérios para se fazer escolhas, tendo em vista o enfrentamento de dilemas éticos e morais cada vez mais complexos.

Em *Ética urgente!*, o autor atualiza a reflexão feita na sua *Ética para Amador*, mantendo um diálogo assertivo com os jovens e também com pais e educadores, engajados na formação humana de seus filhos e alunos.

Para o Sesc, trata-se de um livro voltado aos que não se furtam ao compromisso firmado com a melhoria do futuro, compromisso este compartilhado também pela instituição.

Preparação de texto: Eloiza Rodrigues
Revisão: José Ignacio Mendes, Heloisa Amorim Dip
Projeto gráfico e diagramação: Thiago Lacaz

S266e
Savater, Fernando
Ética urgente! / Fernando Savater;
tradução e notas de Newton Cunha.
São Paulo: Edições Sesc São Paulo, 2014. 148 p.
ISBN 978-85-7995-165-7
1. Filosofia. 2. Ética. 3. Relações sociais.
4. Democracia. I. Título. II. Cunha, Newton.
CDD 177

Título original: *Ética de urgencia*
© 2014 Edições Sesc São Paulo
© 2012 Fernando Savater. Editado por Gonzalo Torné
Direitos exclusivos de edição em espanhol
reservados para o mundo todo:
© 2012 Editorial Planeta, S.A.
1ª edição: setembro de 2012
Todos os direitos reservados

Edições Sesc São Paulo
Rua Cantagalo, 74 – 13º/14º andar
03319-000 – São Paulo-SP – Brasil
Tel. 55 11 2227-6500
edicoes@edicoes.sescsp.org.br
sescsp.org.br

Sumário

Apresentação 9
Vinte anos de *Ética para Amador* 11

1. O mundo por vir

   Razões para a ética 19
   Internet e realidade 25
   A educação 31
   Internet e direitos 47
   A privacidade 55
   Sobre a verdade 59
   Ciência e robótica 63

2. Questões imperecíveis

   O que é um problema filosófico? 69
   A felicidade 73
   A liberdade e a autenticidade 79
   Sobre a beleza 87
   Religião, Deus e morte 89
   Os direitos dos animais 93

3. Pensar o público

   Democracia e participação 101
   Justiça e igualdade 117
   Terrorismo e violência 123
   Sobre a crise 131
   Capitalismo e Terceiro Mundo 135

Apresentação

Há mais de vinte anos publicou-se *Ética para Amador*, um livro sem outra pretensão senão a de ajudar jovens e adolescentes a refletir sobre a perspectiva moral que deve acompanhar a liberdade humana. Já existiam muitos livros de ficção pensados para essa faixa etária, assim como músicas, filmes, *video games*... mas não propriamente livros de ensaio. Os que eu conhecia desse gênero eram, no melhor dos casos, obras de estudo, dessas que exigem o acompanhamento de adultos ou de professores; e, no pior, livros de catequese ou de autoajuda. Minha intenção foi escrever um ensaio filosófico simples e acessível, mas que sugerisse perguntas em lugar de apressar-se a dar respostas; e, sobretudo, que pudesse ser lido pelos próprios interessados, sem necessidade de guia por parte dos adultos, assim como leem um conto de Stephen King ou *O senhor dos anéis*.

Ética para Amador e depois seu complemento, *Política para Amador*, obtiveram uma aceitação internacional bastante generosa, com a qual fui o primeiro a ficar surpreso. Pelo visto, se revelaram úteis e agradáveis a seus destinatários, assim como serviram para facilitar o diálogo pedagógico nas famílias e nas escolas. E ainda devem conservar parte dessas virtudes duas décadas depois, apesar de tantas mudanças sociais e tecnológicas ocorridas desde então, se a assiduidade das reedições não nos engana.

Um dos motivos dessa permanência é que esses ensaios tratam principalmente de teoria básica da ética e da política, sem entrar nas circunstâncias casuísticas variáveis. A esse respeito, continuam válidos os seus delineamentos, e eu não saberia aperfeiçoá-los. Mas me pareceu interessante dialogar agora com alunos e professores do ensino médio sobre temas morais concretos, de interesse atual e de urgência prática, para ver como podemos aplicar os raciocínios e os princípios de que tratam aquelas obras. Quais são as questões éticas ou políticas que mais preocupam os jovens e adolescentes de hoje? Como refletem sobre as alternativas morais? Que novos desafios são propostos pela internet e pelas redes sociais?

O presente livro não é uma obra escrita diretamente por mim, e sim a transcrição cuidadosa e seletiva de colóquios que mantive em dois centros de ensino da Espanha. Para todos os efeitos, conserva o caráter espontâneo e o imediatismo do gênero oral, e talvez suas imprecisões ocasionais. Com certeza, não pretende substituir nem revogar a *Ética para Amador* e a *Política para Amador*, mas constatar o efeito de sua proposta de reflexão sobre valores e liberdade na geração atual, vislumbrando assim novos debates éticos que hoje se insinuam entre aqueles que têm a idade do "Amador" de vinte anos atrás. Desse modo, serve como complemento e prolongamento daqueles dois livros, reforçando tanto seu interesse como sua utilidade entre os que devem educar ou ser educados. Resta-me agradecer a colaboração dos alunos dos institutos San Isidro y Montserrat, de Madri, e Virgen del Pilar, de Saragoça, por suas perguntas e objeções, tanto quanto a Gonzalo Torné por seu trabalho de fixar em um texto a vivacidade às vezes atropelada das palavras.

Vinte anos de *Ética para Amador*

Ética para Amador nunca teve outro propósito senão ajudar professores que davam aulas de ética nos institutos de ensino médio, uma matéria nova introduzida após o período ditatorial, quando a democracia dava seus primeiros passos, como única alternativa possível à matéria de religião. Já de início, não parecia uma alternativa muito sensata, já que a ética não exclui a religião; os temas de que ela trata deveriam interessar tanto às pessoas religiosas quanto às que não o são.

Tampouco existiam temários ou manuais, de maneira que muitos professores estavam desesperados por não saberem como enfocar a disciplina. Pegavam os jornais e discutiam as notícias, punham sobre a mesa temas como o aborto, a energia nuclear, as eleições... Depois se debatia, cada aluno dizia o que achava e não só não se avançava como não tinha lá muita graça.

Por essa época, uma amiga, professora de um instituto de Barcelona, me pediu para escrever um livro que estimulasse as discussões. Como eu tinha um filho de 15 anos (que agora vai fazer 35), pensei em tomá--lo como modelo do tipo de jovem ao qual queria me dirigir. Minha ideia foi escrever não tanto o que se devia pensar sobre os legítimos problemas éticos, mas expor, de preferência, os motivos pelos quais é tão valioso dedicar um tempo a pensar sobre eles. Não é um livro que ofereça soluções; seu propósito é explicar por que é melhor protago-nizar uma vida refletida e racional do que agir de maneira automática.

Sua função era meramente instrumental, sendo pensado para atender uma necessidade educativa. O curioso é que não existia um ensaio pensado para os jovens. Os adolescentes podem ouvir música, ler romances, ver filmes pensando em seus interesses, mas não podiam ler um ensaio sem sentir, a cada página, a respiração de um adulto, pousado sobre seu ombro como um corvo, com o propósito de lhes dizer o que deviam pensar a cada momento. Não havia um livro que pudessem percorrer avançando tranquilamente pelos raciocínios,

Ética urgente!

como se fosse um romance de Stephen King. Além de ser útil para professores e alunos na aula de ética, o livro pretendia ser também uma ajuda aos pais. Até porque nós, os pais, normalmente queremos falar com nossos filhos, mas é difícil tocar no problema; não vamos dizer: "Senta aqui que vamos falar de moral". Em compensação, um livro pode estabelecer um ponto de partida e uma aproximação.

Passaram-se décadas e, evidentemente, ter 15 anos hoje não se parece muito com os 15 anos de então. A percepção dos comportamentos que os jovens consideram normais é muito diferente. Desfrutamos de mais liberdade, de mais conforto, e muitas circunstâncias se modificaram sensivelmente. Hoje somos mais descontraídos; quando eu era jovem, éramos mais cerimoniosos. No meu colégio, cada vez que entrava um adulto na sala, mesmo que fosse só para repor o giz, toda a classe se levantava e, além disso, tinha que dizer "Ave Maria Puríssima", algo que, evidentemente, já não acontece hoje. Quando as pessoas de idade dizem que já não existem valores, referem-se ao fato de que as mulheres saem às ruas em lugar de ir à missa, ou que usam saias mais curtas, de que se pode comer todos os dias ou a qualquer hora. O que muda são as superstições.

Ética para Amador foi o primeiro livro que escrevi num computador e, se o víssemos agora, nos pareceria uma peça de museu; os anteriores eu escrevera em máquina elétrica e, antes disso, em máquinas de escrever mecânicas, que parecem irreais de tão velhas. A tecnologia que nos rodeia é muito diferente, e isso afeta em muito o nosso dia a dia. Quando num filme de alguns anos atrás vemos o protagonista irritado porque tem de fazer uma ligação telefônica muito urgente e não encontra uma cabine, ou não possui fichas, ou quando a encontra já está ocupada por um gordo que parece não ter a mínima intenção de sair de lá, todos ficamos impacientes e pensamos: "Liga pelo celular". Já não nos identificamos com a época em que uma cabine quebrada podia estragar um negócio ou uma relação pessoal.

Também se reduziu muito o tempo que gastamos para ir de um lugar a outro, a velocidade com que as notícias correm. Uma pessoa do século XIX sabia o que se passava em seu bairro, na região ou talvez um pouco mais; do mundo, só conhecia aspectos gerais. Chateaubriand conta em suas memórias que, durante a batalha de Waterloo, ele se encontrava na Bélgica, muito perto de onde ocorria a batalha, mas

Vinte anos de *Ética para Amador*

teve de se manter acamado por culpa de uma doença. Como se havia ocupado da figura de Napoleão e escrito muito sobre ele, quando se recuperou ele saiu para dar um passeio e perguntou a um camponês que estava trabalhando a terra: "Por favor, o senhor tem notícias de Napoleão?". O camponês lhe disse que não; e estava a menos de dois quilômetros do local onde se travava a batalha que iria decidir o destino da Europa durante um século, mas ele não estava inteirado do fato. Hoje, todos teríamos assistido à batalha *on line* ou pela televisão. Muitas vezes, a força dramática de uma história está baseada em algo que é uma questão técnica já resolvida. Nos romances de Jane Austen, o fator desencadeante da ação é a tremenda confusão que se arma quando uma moça não recebe a tempo a carta do noivo. Por isso nos custa entender as situações em que alguém perde um amigo ou a amada porque demora oito dias para percorrer uma distância que hoje em dia faríamos em meia hora. As melhorias técnicas afetam a narração: se na época fosse possível telefonar, o argumento de *Orgulho e preconceito* seria muito diferente. Também deveriam ser reescritos os romances de Sherlock Holmes.

Contudo, ainda que o acessório mude bastante, as coisas básicas da vida, os sentimentos elementares, as ambições, os medos, se mantêm inalterados. Quando vemos mudar muitas coisas acidentais, aprendemos a distinguir as que são essenciais e se elas permanecem: o respeito, a cortesia, a ideia de que os seres humanos podem alegrar a vida uns dos outros. Se agora entrasse pela porta um contemporâneo de Arquíloco, de Safo ou de qualquer outro poeta grego dos séculos III e IV antes de Cristo, o mundo em que vivemos lhe pareceria um sonho ou um pesadelo, de qualquer modo algo irreal. Nossos aparelhos, instrumentos, nossos carros e aviões, nossos móveis, telas, a corrente elétrica... Tudo seria novo e incompreensível para ele. No entanto, quando começássemos a conversar, nos daríamos conta de que a ideia de ciúmes, a ideia de amor, de ambição, de medo da morte lhe seriam perfeitamente familiares, sem necessidade de explicações prévias.

A própria Safo, que viveu em Lesbos há mais de dois mil anos, num mundo radicalmente distinto do nosso, deixou escrito um poema breve em que diz: "Uma nuvem que passa diante da lua, e neste momento estou sozinha na cama". Um poema que nos fala da solidão do momento, como se escrito por um contemporâneo nosso. Os costumes, a sociedade e a moral mudaram muito, mas a solidão, a nostalgia, a companhia do amado, da amada... são sentimentos que conhecemos perfeitamente.

Muda a epiderme do mundo, mas debaixo existe um núcleo que continua vivo. A estética se ocupa do que se passa na superfície, das modas, dos gêneros artísticos... Tudo isso é muito bom, mas, passados alguns anos, o que esteve vigente já não serve. Embora as obras de Rembrandt sejam admiráveis, não faz sentido empenhar-se em continuar pintando como ele. A estética é um arquivo, um catálogo, e a graça é conhecê-lo em profundidade para poder fazer coisas novas a partir do que realizaram os artistas do passado. E lá onde a estética trata da modificação e nos fala das coisas que vão passando e se sucedem, a ética se ocupa das coisas que duram, que não se vão inteiramente, que permanecem, daquilo que século após século continua sendo importante para os seres humanos.

Se ainda hoje lemos com proveito a *Ética a Nicômaco*, que está no mundo há mais de vinte séculos, é porque continua tratando de questões que ainda nos são úteis. Se esse livro continua a nos interpelar, é porque o fundamento e o sentido da pergunta ética não variaram. Se me perguntassem qual é esse fundamento e esse sentido, diria que reside na obrigação de atentar para os deveres que nós seres humanos temos para com os demais seres humanos. Ao ser exercida, a ética renova o impulso de considerar o outro como um fim, e não como instrumento de nossos apetites. Embora todo o exterior mude, ainda que se alterem os hábitos, mesmo que a técnica altere nossa percepção do espaço ou traga até nossa casa um caudal de informações, ainda que a sociedade se transforme, para melhor ou para pior, até se tornar irreconhecível, enquanto formos humanos não poderemos deixar de nos perguntar como devemos nos relacionar com os demais, já que somos humanos graças ao fato de que outros humanos nos dão humanidade e nós a devolvemos a eles.

1

O MUN
POR V

DO
IR

Razões para a ética

Durante boa parte do dia, vivemos como se alguém nos tivesse dado corda: nos levantamos, fazemos coisas porque vimos outros fazerem, porque assim nos ensinaram, porque é isso que se espera de nós. Não há muitos momentos conscientes em nosso dia a dia, mas de vez em quando alguma coisa acontece e interrompe a nossa sonolência, nos obriga a pensar: "E agora, o que faço? Digo-lhe que sim ou que não? Vou ou não vou?". Essas perguntas assinalam diferentes opções éticas, exigem de nós um bom preparo mental, nos interpelam para que raciocinemos até alcançar uma resposta refletida. Temos de estar preparados para ser protagonistas de nossa vida, e não figurantes.

A imagem do mundo como um teatro é muito antiga. O filósofo Schopenhauer imaginava a vida como um cenário onde cada um de nós vê, entre as bambolinas, como as personagens falam, choram, gritam, lutam, se enfrentam e se associam no palco. De repente, sem aviso prévio, alguém nos empurra e nos surpreendemos no centro do cenário, obrigados a intervir numa trama que não conhecemos muito bem porque já chegamos com a obra começada e temos de nos inteirar rapidamente de quem são os bons e os maus, do que seria conveniente dizer, de qual seria a ação correta. Dizemos nosso monólogo e, antes de sabermos como tudo isso vai acabar, voltam a nos empurrar e nos tiram do cenário, e dessa vez nem sequer nos deixam ficar entre as bambolinas.

Mas não vamos ser tétricos; nem sempre temos um papel relevante na obra. Podemos passar dias e dias atuando como figurantes em cenas pensadas e escritas por outros. Só que às vezes pretendemos ser protagonistas de nossa vida e pensar nas razões de agirmos como agimos. Não se trata de viver de maneira muito original nem de fazer coisas muito extravagantes, mas sim de examinar os motivos pelos quais agimos, nossas metas e se deveríamos buscar objetivos melhores ou mudar nossa maneira de proceder.

Ética urgente!

A ética não nos interessa pelo fato de nos entregar um código ou um conjunto de leis o qual basta aprender e cumprir para sermos bons e ficarmos tranquilos conosco mesmos. Há uma cena de um filme de Mel Brooks[1] na qual Moisés, ao descer do Sinai com três tábuas da lei nos braços, detém-se diante do povo e diz: "Aqui vos trago os 15 mandamentos..."; então, uma das tábuas escorrega de suas mãos, cai ao chão e se quebra, no que ele diz: "Bem... os 10 mandamentos". Pois não se trata de aprender 10 ou 15 mandamentos nem um ou dois códigos de boa conduta. A ética é a prática de refletir sobre o que vamos fazer e sobre os motivos pelos quais vamos fazê-lo.

E por que eu deveria refletir, viver deliberadamente, praticar a ética? Dois bons motivos me ocorrem para não fazer vista grossa.

O primeiro é que não temos mais saída. Há uma série de aspectos na vida em que não se admite raciocinar nem dar opinião; não depende de nós ter um coração, fazer a digestão, respirar... São atividades que me são impostas pela natureza, pelo código genético, pelo desenho da espécie. Tampouco posso escolher o ano em que nasci, nem como o mundo deve ser, nem meu país natal ou os pais que tenho. Os homens não são onipotentes, não lhes foi dado o poder de fazer e desfazer à vontade. Mas, se nos compararmos com os animais, veremos que dispomos de uma gama de opções bastante ampla. Os demais seres vivos parecem programados para ser o que são, aquilo que a evolução lhes proporcionou. Nascem sabendo o que devem fazer para sobreviver, sabem como ocupar o tempo. Não há animais tolos. Muitas vezes, vemos aquelas imagens dos chimpanzés e outros macacos caminhando enfileirados e cada vez mais eretos e, no final da fila, um engenheiro com seu capacete; essa é a ideia que temos da evolução: passamos de animais inferiores ao ser humano. Mas, dependendo de como observamos os animais, percebemos que são muito mais perfeitos do que os humanos. Observe o braço de um gibão, ou de qualquer macaco arborícola: é um instrumento de precisão, de uma flexibilidade e potência tão assombrosas que ele pode levantar um peso enorme até o alto da árvore. Ou pense na pata de um leão, um aparato realmente útil para rasgar a carne de suas vítimas; ou na barbatana de um peixe — apêndices admiráveis que servem muito bem aos seus propósitos. A

---

1 N.E.: É a comédia *A história do mundo – parte I*, de 1981.

limitação dos animais está no fato de que cada espécie só pode fazer uma coisa; são todos especializadíssimos. Uns nadam, outros voam, estes caçam com o bico, aqueles fazem buracos no chão. Por isso, quando muda o ecossistema, eles começam a morrer e desaparecem, pois não conseguem se adaptar.

Já os homens vimos ao mundo com um bom *hardware*, do qual a natureza nos proveu; porém, como não temos um programa preestabelecido, devemos conseguir um *software* para orientar nossas ações sociais, nossos projetos criativos, nossas aventuras intelectuais. Nós, humanos, não somos especializados em nada, e essa característica reflete-se no desenho anatômico: o braço humano serve para escalar, mas não muito bem; pode dar um golpe, mas nada comparável com o de um leão; podemos nadar, mas não como um golfinho. Por outro lado, podemos fazer todas essas coisas e ainda tocar piano, disparar um míssil, apontar para a lua, nos meter num barco para cruzar o oceano sem saber aonde vamos, além do que não se pode descartar a possibilidade de um dia destruirmos o mundo, algo que seguramente os animais não poderão fazer. Por não ficarmos restritos a uma só tarefa, podemos escolher entre coisas diferentes, e desenvolvemos estratégias e culturas que nos permitem habitar o deserto e nos reproduzir nos polos do planeta. Esse campo tão aberto de escolhas é uma extraordinária vantagem evolutiva.

Em contrapartida, tal indefinição traz consigo uma série de responsabilidades. A principal delas é que tenho de escolher o que vou fazer com a minha vida, o que vou aceitar e o que vou recusar. Tenho de escrever o meu papel no *show* da vida. Tenho de escolher o que faço e justificar minha decisão; se quero viver humanamente, e não como um simples animal, é bom que eu saiba por que será melhor fazer uma coisa em lugar de outra. Por vezes, a explicação é bem simples; por exemplo, se eu moro no oitavo andar e quero descer à rua, posso optar por pegar o elevador ou me atirar pela janela. A menos que eu more num piso intermediário entre o térreo e o primeiro andar, ou que tenha decidido acabar com a minha vida, tenho boas razões para defender minha opção de descer pelo elevador. Mas há decisões mais difíceis de tomar e de justificar, e não posso escapulir, pois se trata de uma série de escolhas obrigatórias. O filósofo Jean-Paul Sartre disse isso no século passado com uma frase contundente: "Estamos

Ética urgente!

condenados à liberdade"[2]. Quer dizer, somos livres, mas não dispomos de liberdade para renunciar à própria liberdade. Essa necessidade de escolher é característica do ser humano, e não podemos nos negar a ser humanos. Estamos destinados a inventar nosso destino, sem segunda chance. Por isso nos enganamos e nos decepcionamos, e cometemos atrocidades, mas também, graças a isso, podemos transformar nossa vida e inventar seus conteúdos. Além disso, refletir sobre essa natureza e buscar os motivos adequados e as melhores explicações de por que fazemos uma coisa em lugar de outra é parte da tarefa da ética.

A segunda razão é muito fácil de entender. Os homens são uma espécie vulnerável; nós nos ferimos e morremos, é muito fácil sofrermos danos físicos, morais e sentimentais; não podemos fazer o que bem entendermos com os outros, devemos ter cuidado com eles. A ponderação ética se impõe porque somos mortais. Se fôssemos imortais, poderíamos fazer o que nos desse na telha. Os primeiros cristãos liam e escutavam escandalizados as histórias protagonizadas pelos deuses gregos. Eram histórias lascivas e arrogantes, os deuses eram uns tipos valentões e violentos, e os dois sexos não passavam de uns mentirosos que se entregavam a toda sorte de canalhices, que condenaríamos como imorais. O que esses primeiros cristãos não entendiam é que os deuses não eram imorais, mas sim que estavam fora da moralidade. Se você é imortal, não sofre dano nem causa dano aos demais porque são tão invulneráveis quanto você, então para que dar atenção? Se todos fôssemos imortais, poderíamos nos comportar uns com os outros da maneira que quiséssemos, como acontece nas lendas dos deuses, em que uns morrem e logo ressuscitam, e tudo se passa como numa realidade virtual, como se fosse de mentira, como se víssemos um filme. Na realidade, os deuses não se matam, apenas brincam de matar e fingem amor.

Como todos sabemos, a vida humana não é assim, não é reversível; segue numa direção e não podemos voltar atrás. A nossa é uma vida irrepetível e frágil, única para cada um de nós, protagonizada por seres vulneráveis que a cada minuto estão em perigo de morte. Ameaçados não só de morte física, mas também de outras mortes — a morte social, a morte sentimental, a morte da saúde, tudo o que se afasta e nos

---

2 N.E.: Na conferência *O existencialismo é um humanismo*, publicada em 1946.

deixa abandonados, tudo o que nos fere e nos deixa tristes, solitários, frustrados. Esse é o motivo por que eu disse que devemos dar atenção aos nossos concidadãos.

Miramientos[3] é uma palavra espanhola muito significativa, que expressa muito bem a disposição ética. Pressupõe olhar os outros, prestar atenção à sua maneira de ser e às suas necessidades. Uma das características zoológicas que nós humanos temos é a de sermos capazes de ler no rosto dos outros. Pouquíssimas espécies de animais são capazes de fazê-lo, e a maioria deles não tem expressão. Um tigre, por exemplo, arma uma expressão feroz quando vai atacar, e quando está tranquilo faz outra cara, uma que não diz nada. Não possui outros rostos ou expressões. Já os homens e os macacos superiores, sim, podem expressar na face uma quantidade importante de emoções. Sendo assim, podemos ler a mente dos outros graças às caras que eles fazem e interpretar se estão tristes, alegres, brincalhões, se desejam ou têm inveja, se detestam... Nós os compreendemos porque somos capazes de interpretar expressões faciais e nos pôr no lugar do outro, porque somos empáticos. Essa capacidade está na raiz do provérbio adotado por tantas religiões e proposições morais: "Não faças a outrem o que não queres que te façam".

Trata-se, além disso, de uma linguagem (a dos gestos) e de uma capacidade (a empatia) universais. Álvar Núñez Cabeza de Vaca, personagem que viveu tremendas aventuras (descobriu o Mississippi, chegou a ser xamã de uma tribo, e quando morreu foi enterrado com a maior honra que se pode imaginar: desviaram o leito de um rio, deram-lhe sepultura e depois restabeleceram o curso natural, de maneira que as águas corressem por cima de seu túmulo), escreveu um livro que é lido como um romance de ação, intitulado *Naufrágios e comentários*, pois ele volta e meia sofria um naufrágio. Numa de suas histórias, Álvar e um grupo de espanhóis, sempre rodeados por uma selva incrível, avançam pelas corredeiras de um rio com uma balsa muito precária, feita de troncos amarrados às pressas por medo das tribos canibais que supostamente viviam nas margens e cuja ferocidade haviam superestimado. Navegavam continuamente amedrontados. Em determinado momento, chegam a uns escolhos, a balsa se choca

---

3 N.T.: O ato de *mirar*, isto é, mirar, olhar alguém ou alguma coisa com atenção e respeito.

Ética urgente!

com as pedras e se espatifa; como de costume, naufragam. Dois ou três deles morrem afogados ali mesmo e os demais chegam arrebentados às margens, arrastando-se pela areia, e, quando ficam ali caídos, exaustos, tentando recuperar o fôlego, eis que a selva se abre e surgem os canibais. Os náufragos se entreolham, estão de tal forma esgotados que já não se importam mais com nada, e começam a chorar na areia. Depois de um breve tempo, Álvar levanta os olhos e vê que os canibais se dispuseram num semicírculo ao redor do grupo, de cócoras, e ficam olhando para eles e também chorando.

Esse reconhecimento da desgraça e do desamparo é próprio do ser humano. Quando dizemos de alguém que é uma pessoa muito humana (o que em princípio é uma bobagem, pois somos todos humanos), significa que é sensível à vulnerabilidade dos demais, que não os trata como se fossem de borracha. A pessoa "humana" é aquela que, quando vê que seu joelho está sangrando, se preocupa e lhe avisa. Não é preciso que nos expliquem; entendemos a dor e a fragilidade alheia porque somos todos vulneráveis. São os deuses imortais que teriam problemas em nos entender, e é esse o sentido da história da encarnação de Cristo, um deus que quer se tornar humano para entender o que sentem os seres mortais e vulneráveis.

A liberdade de escolha e a vulnerabilidade de nossa condição são as bases da ética, e nos impõem certas obrigações. A reflexão ética pretende nos ajudar a entender como podemos nos ajudar mutuamente a conviver melhor, a desfrutar da melhor vida possível. E, embora não exista um código, podemos recorrer a ideias úteis e consolidadas, empregá-las como instrumentos que nos ajudem a pensar que tipo de vida preferimos. E, como os problemas se renovam quase diariamente, devemos refletir constantemente; a vida refletida não acaba nunca e dura o mesmo que a existência.

Internet e realidade

Não estou tão certo de que a internet atrofie a nossa sensibilidade. Se você vê uma criança morrendo diante de si, sente-se comovido, estabelece um vínculo afetivo com ela, não quer que nada de mal lhe aconteça, quer que ela viva. Não creio que nós, seres humanos, nos transformemos em pedra diante da realidade, quando somos confrontados com ela. O problema é que agora temos de escolher entre uma realidade virtual e uma realidade presente e, muitas vezes, a realidade virtual — que também é uma realidade, pois está acontecendo em algum lugar determinado, porém longínquo — vai nos acostumando a ver a realidade como um espetáculo.

Estamos tão habituados a essa distância que se você estiver em casa e ouvir uma mulher gritar, na maioria das vezes vai pensar que é a televisão ou o rádio. Durante muito tempo, se alguém em casa escutava um grito, sabia que só podia se tratar de um vizinho. Ao sentir o mundo como espetáculo, algumas coisas que antes nos pareciam alarmantes ou aterrorizantes agora as confundimos com um filme, com um cenário. Entre nós e a pessoa que pede ajuda imaginamos uma tela interposta. Não é que os sentimentos tenham se entorpecido, aumentando a frieza, mas sim que ficou mais complicado identificar o que é real, distingui-lo do virtual.

Platão, num de seus diálogos, disse: "Ninguém aplica a moral enquanto sonha". Quando você está dormindo, não pode ser moral nem imoral, porque não está agindo na realidade, e sim num mundo em que tudo que você vê são criações suas, e no qual nada do que venha a fazer terá consequências. E seria absurdo ter problemas morais porque, enquanto sonhava, você deu um chute no nariz de uma moça por quem está apaixonado. Ao contrário, se você fizesse isso na vida real, essa livre decisão teria, sim, consequências, e pertenceria à esfera moral e jurídica.

Os seres humanos sempre protagonizaram existências virtuais, além das reais, e metade de nossa vida transcorre em sonhos. O próprio pensamento é uma maneira de explorar virtualmente a realidade. Mas, antes, a distinção entre realidade e sonho, que deu lugar a obras famosas, como *A vida é sonho*, de Calderón, estava mais definida, mais bem delimitada, e era fácil saber em que lado se estava. Agora, no entanto, a realidade virtual está em todos os lugares e a fronteira perdeu os contornos, fica mais fácil confundir-se.

Acho, sim, que a internet nos mudou. Agora, quando chegamos em casa, há mil informações que não podemos aproveitar. Antes não havia tanta informação, era mais importante o que víamos e o que tocávamos.

Antes, as pessoas se emocionavam quando viam a procissão da Semana Santa, choravam porque a Virgem estava apunhalada. Hoje estamos acostumados a ver tantos horrores nos seriados e nos noticiários que é muito raro ver alguém chorar pelo que possa acontecer a uma estátua, por mais dramática que seja sua situação.

O que o senhor pensa das redes como o Facebook, como elas podem influenciar nossa ética?

Bem, a moral funciona em âmbitos diferentes. Tudo o que aumenta o nosso poder redimensiona o nosso campo moral. Por exemplo, Aristóteles dedicou muitas páginas e grandes reflexões à ética, mas nunca se perguntou sobre biogenética, pois em seu mundo não se sabia o que era isso. A biogenética trouxe muitas possibilidades e nos propôs novos problemas morais. Temos de refletir moralmente sobre nossas responsabilidades.

O maior problema que a internet nos suscita é a veracidade. Dizer ou não dizer a verdade se converteu numa questão mais complicada do que no passado. Agora, a partir de casa, podemos enviar mensagens falsas, errôneas, e até mesmo nocivas, a conhecidos e desconhecidos. Essa possibilidade é nova e supõe um novo desafio moral, pois muitas vezes se trata de apertar ou não uma tecla; e tudo isso ocorre em casa, sem ninguém nos vigiando, sem que possamos ser acusados e sem prestar contas a ninguém. Nosso poder aumentou e, se levamos a vida a sério, nossa responsabilidade também aumenta.

Como o poder sempre carrega consigo responsabilidades, devemos

Internet e realidade

exigir muito das pessoas que o exercem e têm autoridade, já que, na democracia, lhes concedemos o poder de fazer coisas que nós não podemos. Por isso ficamos indignados quando uma pessoa que ocupa um cargo importante age de maneira nefasta, pois está abusando de nossa confiança.

Com a internet, o poder de agir impunemente foi repartido, e cada um de nós pode exercer sua porção de dano sem sofrer as consequências. As novas tecnologias nos permitem saber mais, estar em mais lugares e prejudicar mais pessoas (embora não de maneira irreparável, felizmente) do que os príncipes de alguns séculos atrás. Assim, a internet pressupõe um enorme desafio moral para todos os seus usuários.

Os muitos apelidos que usamos na internet podem acabar afetando nossa identidade?

Bem, a própria identidade do indivíduo, a maneira como ele se representa para si mesmo, já era um problema antes da internet, até mesmo quando se tratava de ser o mais normal possível.

Hoje em dia ouvimos casos delituosos quase incompreensíveis. Parecem ter abolido não apenas as fronteiras, mas também atrofiado os sentidos mais elementares do reconhecimento. Como é que um sujeito se faz passar por uma mulher e leva uma série de incautos a um hotel para violá-los? Como é que as vítimas não percebem? Como podem ser tão distraídas?

Minha impressão é que a troca de identidades chegou a um grau de enredamento muito sofisticado e, além disso, é aceita como algo completamente normal. Agora mesmo, no Twitter, há um senhor que se faz passar por mim; não digo que o Twitter seja bom ou mau, só que procurei esclarecer que esse senhor usa o meu nome, mas não sou eu. E acontece que as próprias pessoas no Twitter têm dificuldade de entender a reclamação. É como se alguém se apresentasse numa festa dizendo que é Fernando Savater; bem, ainda que jurem que ele se portou de maneira estupenda, que não ficou bêbado, que deixou as garçonetes em paz, mesmo assim gostaria de deixar claro que esse senhor não sou eu.

Mas, se nem aquele que se faz passar por mim nem a empresa que o hospeda veem algo de estranho nisso, e se quando eu reclamo me olham com surpresa, então vamos ter um choque de opiniões. Acho que é um elo a mais numa série de mudanças que afetam a identidade pessoal, que com o tempo foi se transformando muito. À medida que a civilização avança, você tem mais identidades disponíveis, ao alcance da mão, por assim dizer.

A vida moderna — comparada com a de um senhor interiorano, morador de uma pequena aldeia, que praticamente não pode ter outra identidade além daquela que lhe fornece seu trabalho, que pode ser agricultor ou sapateiro, o marido de fulana ou o pai de beltrano — lhe dá a oportunidade de ter muito mais identidades. Mudamos de profissão, mudamos de identidade familiar... E, mesmo agora, a identidade que lhe dá a ideologia, o que você pensa, e a religião, o que você crê, é muito mais complexa do que antes, quando éramos pessoas que iam à igreja, a única que havia e ponto final.

Hoje temos centenas de ideias para escolher, dezenas de igrejas, de identidades sexuais; não somos os mesmos de manhã, quando vamos para o escritório, que quando saímos para nos divertir. Um dos atrativos da cidade moderna, sobretudo quando se é jovem, é exatamente a possibilidade de multiplicar as identidades. Se você permanece na sua cidadezinha natal, você é o que é e pronto. E, provavelmente, nem será o que você escolheu. A cidade grande lhe dá uma margem de anonimato que ajuda a mudar de pele, a ser mais camaleônico. Quando vou a um bar e me perguntam "vai o de sempre?", já não volto mais.

E, nesse sentido, a internet é como uma enorme cidade, com bairros imensos, amorfos, na qual se pode ficar mudando constantemente. Esse frenesi abre um grande leque de possibilidades, mas contém muito mais riscos do que levar uma vida serena, na qual os papéis estão bem repartidos e claros, e você sabe quem você é e o que se espera de você. Antes, as identidades eram poucas, mas seguras; agora você tem muitas, porém são mais precárias e vulneráveis.

Se você tivesse um anel que lhe desse o poder de fazer o que bem entendesse, sem que ninguém o visse, o que você faria?

O verdadeiro nome desse anel é irresponsabilidade. A pergunta que você me faz pode ser refinada: o que você faria se tivesse certeza de que ninguém lhe cobraria responsabilidades? Rousseau escreveu um

Internet e realidade

conto baseado no mesmo pressuposto, o do mandarim chinês[4]. No relato, Rousseau nos convida a imaginar que na China há um mandarim com mais de 90 anos de idade, malvado e cruel até extremos intoleráveis. De repente, você ganha um botão que, se tocado, fará com que o mandarim morra e você ganhe na loteria. No dia seguinte, você estará rico e o mandarim, morto; ninguém poderá relacioná-lo ao crime nem acusá-lo de nada, pois você não tem nenhuma ligação com a China nem com o mandarim. Você não o conhece, nunca o viu e só você sabe do vínculo entre o prêmio da loteria e a morte do velho déspota em alguma parte da remota China. A pergunta de Rousseau é: "O que você vai fazer? Vai apertar o botão"?

Não matamos pessoas porque sabemos que existem leis e conhecemos o castigo por transgredi-las, mas o que aconteceria se pudéssemos matar à revelia da lei, sem que nos pedissem explicações? O problema é que, quando somos os únicos juízes de nossa ação, estamos perante um caso de consciência, diante de uma decisão moral quase pura. Uma boa resposta ao desafio de Rousseau seria negar-se a apertar o botão porque tenho por mim mesmo uma consideração tal que não posso aceitar que eu mate pessoas para ganhar prêmios de loteria. Há coisas que não fazemos porque queremos continuar a ser como somos. Numa obra de Shakespeare, há um rei, Ricardo III, que comete um crime após o outro, sem remorsos, até que, a certa altura, diz: percebo que me converti em inimigo de mim mesmo, porque agora, quando fico sozinho no quarto, estou a sós com um assassino.

Na internet, é comum que ninguém saiba quem você é; assim, a moral depende só de você.

---

4 N.E.: Trata-se de uma citação apócrifa, pois Rousseau jamais escreveu tal conto, aliás inexistente. Trata-se apenas de uma pergunta retórica atribuída a Rousseau por uma personagem do romance *O pai Goriot*, de Balzac. Na verdade, a fonte de Balzac teria sido uma pergunta semelhante feita por Chateaubriand em *O gênio do cristianismo*. A formulação original, muito mais sucinta, diz somente que seria possível enriquecer consideravelmente matando, pela simples força da vontade, um homem na China. O fato de ser um mandarim e o recurso a um botão são variantes posteriores da anedota. Outros detalhes e variações, como a idade do mandarim e o sorteio da loteria, foram elaborados por Savater.

A moral não entra em jogo quando você não tem outra escolha senão fazer determinada coisa, porque daí todos nos saímos bem. Quando chegamos ao semáforo e o guarda está olhando, de bloco em punho, todos respeitamos a luz vermelha. Quando não há semáforo e as crianças estão atravessando a rua, e você, de carro, está com pressa, é aí que você decide se vai parar ou não. A internet lhe abre um mundo em que se pode tomar todo tipo de decisões, a maior parte lúdicas, mas também para fazer coisas que não são tão boas, que podem provocar ilusões ou sofrimentos.

Gostaria de saber o que o senhor entende pela palavra "realidade", o que é a realidade?

A realidade é o que nos oferece resistência. Para saber se tem diante de si um poste de luz, se ele é de verdade ou alucinação, você bate nele com a cabeça; se for de verdade, sua cabeça vai doer; se não for, não vai doer. A realidade é aquilo que não muda simplesmente por efeito de nossos desejos. Os sonhos não são reais porque, de alguma forma, funcionam associados aos nossos desejos. Em troca, a realidade é o que sempre está aí, queiramos ou não, e cujas condições não podemos modificar, ou podemos mudar, mas até certo ponto. A realidade é tudo aquilo que de mil e uma maneiras nos oferece resistência, inclusive nosso próprio corpo. Nosso corpo é real, por demais real, e por isso nos dá tantos problemas, dado que não se ajusta aos nossos desejos, não está tão saudável quanto gostaríamos, e não sara quando queremos.

A educação

No meio universitário, os recursos técnicos mudaram principalmente a maneira de se documentar; agora podemos procurar uma bibliografia do que quer que seja na internet. Claro que também podemos usar a tela em lugar da lousa, e acompanhar as aulas a distância, mas tudo isso é apenas instrumento, e não me parece relevante. O verdadeiro problema que as novas tecnologias apresentam para os professores universitários é como manter vivo o espírito de investigação, que é o que interessava desenvolver durante a graduação.

De qualquer modo, a maior transformação são as crianças que experimentam. Antes, a criança ia à escola para que lhe dessem conhecimentos sobre as matérias que em sua casa não dominavam, como a geografia, a gramática, a história, a literatura, a música... Todo o conhecimento vinha pela escola. O ensino consistia geralmente nisto: informar as crianças sobre as coisas que não sabiam. A criança chegava à escola desconhecendo as verdades sobre a morte, o sexo, a ambição ou o crime político e, pouco a pouco, iam sendo reveladas a ela.

Hoje em dia, com a televisão e a internet, a prioridade já não pode ser mais informar, e sim orientar o aluno através do labirinto de informações que o bombardeia constantemente. Assim, a educação já não pode concentrar-se em informar, e sim em fazer um trabalho de orientação; o educador torna-se, cada vez mais, uma espécie de bússola que orienta em meio ao fluxo de informações no qual se misturam o trivial, o necessário, o importante, o falso e o verdadeiro... A criança tem de ser educada agora para aprender a distinguir a qualidade desses materiais, pois o que está claro é que a meninada estará imersa na internet; não há retorno, não vamos voltar atrás, de modo que não tem sentido protegê-la daquilo que será seu hábitat e obrigá-la a ouvir a vovozinha. Somos obrigados a aprender como tornar esses meios vantajosos em benefício da educação e do cidadão.

Pouco tempo atrás, uma amiga me contou que sua filha lhe disse:

"Mamãe, quando eu for adulta não quero ter filhos". Minha amiga ficou muito surpresa com essa decisão tão repentina e taxativa, até descobrir que a menina tinha acabado de ver um parto na televisão e decidido privar-se inteiramente daquela experiência, por mais interessante que pudesse ser. Não faz muitos anos, essa história seria impensável; as coisas seriam explicadas pelos pais ou pelos professores em seu devido momento.

Mas, se a menina, depois de assistir ao vídeo, se recusa a ser mãe, não está sendo mudado seu ponto de vista? Não deveríamos protegê-la?

O que está mudando é o papel do educador, porque não podemos mais contar à menina que ela foi trazida por uma cegonha; temos de procurar outra maneira de apresentar o assunto. O educador não pode negar a realidade, e a realidade é que existe esse fluxo constante de informação que mistura o necessário e o supérfluo, o verdadeiro e o falso, o relevante e o irrelevante, tudo junto. O que temos de fazer é aprender e ensiná-los a navegar nesse mar. Não se trata de descobrir coisas, e sim de hierarquizar e ordenar a torrente de informações que cai sobre eles.

Dizem que com a internet a informação é recebida da mesma forma como se zapeássemos a televisão. Não vai ficar cada vez mais difícil nos concentrarmos?

Quando eu estava na universidade, ainda não se dava muito valor a esse suposto problema de concentração. Alguns professores tinham essa preocupação quando viam um aluno usando a internet, mas não passava de algo subjetivo; muito embora já houvesse indícios disso, como, por exemplo, a tendência crescente de aplicar provas do tipo teste, em detrimento da argumentação, do raciocínio, do discurso...

Essa substituição é um reflexo do que acontece na sociedade. Martha Nussbaum, que recebeu o prêmio Príncipe de Astúrias, insistiu muito em que estamos perdendo o método socrático, de implicação pessoal, no ensino. Um método baseado na argumentação. Segundo esse modelo, não importa que o aluno saiba que Aristóteles nasceu em Estagira, e sim o que Aristóteles pensa ou o que sugerem suas reflexões.

A educação

À medida que o PowerPoint substitui a argumentação, o modelo socrático vai se esvaziando de conteúdo. O mesmo irá ocorrer quando uma prova for do tipo Twitter, em que tudo pode ser resumido numa frase ou apotegma. Quando uma pessoa está "configurada" para se expressar com 140 caracteres, quando se acostuma com a piada ou o insulto, perde a capacidade para a argumentação, que é a medula do pensamento.

Cioran disse certa vez que gostaria de ter sido educado numa sociedade dominada pelo aforismo e pelo epitáfio. Pois bem, agora a gente já se comunica e se alimenta de epitáfios. E creio que sim, que seria bom se a educação apresentasse uma certa resistência, que continuasse formando alunos na argumentação.

Quanto à perda de atenção, não creio que seja um problema apenas entre as crianças, nem um problema apenas para os educadores: a diversidade de cobranças que temos de atender está tornando a dificuldade de prestar atenção no outro no problema central da vida moderna. Isso pode ser comprovado diariamente. Se, alguns anos atrás, você convidasse alguém para almoçar e, durante a refeição, seu convidado abrisse um jornal e começasse a lê-lo, você se levantaria e iria embora, isso se antes não lhe quebrasse uma garrafa na cabeça. Hoje, ao contrário, se você protesta porque seu convidado de almoço está mais interessado no celular do que na conversa, parece que você é um destemperado, um cara sério demais, cheio de frescura.

Nos Estados Unidos, os distribuidores de filmes estão pensando em deixar as pessoas entrarem nos cinemas de Nova York com o celular ligado, porque estão perdendo o público jovem: os adolescentes já não querem entrar para ver um filme se forem proibidos de manter o celular ligado. Já não se pode dizer a alguém que, durante uma ou duas horas, vai ter de prescindir de seu telefone, é uma batalha perdida. Como vai se concentrar no filme? Como alguém consegue se concentrar?

A mudança é mais relevante do que parece, pois tudo o que é importante na vida exige atenção. O conhecimento, o amor... Inclusive para transformar a realidade, para ter sucesso nas mudanças políticas ou nos avanços sociais, é imprescindível ter concentração. Sem uma atenção adequada, não há nem progresso, nem civilização, nem desenvolvimento humano.

Essa ideia de atenção meramente flutuante, suspensa no ar, cons-

Ética urgente!

tantemente ameaçada pela mais leve brisa... isso, sim, é grave e afeta muitos aspectos da vida e da sociedade. Mas, como estamos falando de educação, o mais importante é recuperar a atenção. E, de saída, me ocorre que é preciso não ceder tão facilmente, não fazer concessões, conseguir que o professor recupere o centro das atenções. Deve-se ensinar ao aluno que, durante certos períodos de tempo, ele deve se concentrar no que estão ensinando, aprender que há momentos em que o celular e a internet são instrumentos de dispersão. Nesse sentido, o desafio central da educação de hoje é recuperar a atenção do aluno.

A internet facilita muito a especialização. Antes, se você queria se especializar, tinha de ir à biblioteca, formar um grupo... Agora, podemos fazer de tudo na internet; ali temos fóruns, informações... Essa especialização, sem sair de casa, pode ser um problema para abordar questões gerais, de interesse universal, como as que propõe a ética ou a filosofia?

Em certo sentido, a especialização é boa. Gosto muito de corridas de cavalos, sou um aficionado. E na internet encontrei páginas e fóruns frequentados por todos aqueles que, como eu, são loucos pelo assunto, e assim podemos passar o dia todo conversando sobre algo que não desperta o menor interesse no resto do mundo.

Essa possibilidade é muito boa, o que se perde é o esforço pessoal que, antes da internet, você tinha de fazer para alcançar esse mundo de especialização, ou para criar um grupo de interessados comuns. Quando falo disso, sempre me lembro de um amigo músico que vive na Alemanha e que agora consegue tudo quanto é partitura na internet. Ele me contou que antes os aficionados iam aos arquivos com papel pautado e copiavam eles mesmos as partituras.

Era muito mais difícil, claro, e menos cômodo, mas tinha um valor e, além da dificuldade (que é a primeira coisa que você vê), era também um elemento de transformação pessoal. Copiar não era só a chateação de copiar; também contava a experiência de, com esforço, tornar sua a partitura. Assimilá-la. Alguém poderia dizer: "Que otários deviam ser esses eruditos que precisavam de uma tarde inteira para conseguir o mesmo que eu agora posso conseguir apertando uma tecla com um dedo". Mas há um conhecimento que se fixa melhor quando passa

A educação

pela experiência e transforma a pessoa. É melhor do que se você se limita a colocar os dados, as canções ou os livros num saco. Está tudo lá dentro, mas isso não o toca, não o transforma.

Esse é o lado negativo de uma mudança na maneira de obter informação que nos afetou a todos, e com a qual todos nos beneficiamos. Hoje, se estou escrevendo um artigo e não me lembro da data da batalha de Waterloo, não me levanto e vou buscar a enciclopédia. Entro na Wikipédia, e pronto. Esses atalhos são utilizados por todos nós, e são muito úteis. Mas utilizá-los quando você já tem uma base de conhecimento, fruto do seu esforço, ou quando o aluno já anda por si próprio, não é a mesma coisa que quando alguém não sabe nada de nada ou muito pouco. O perigo é que a confiança nos dados disponíveis ali substitua o esforço e a experiência, porque, para dizê-lo com um exemplo elementar, por mais que as calculadoras facilitem as operações complexas, é bom saber as quatro operações básicas da aritmética. Entre outras coisas, para que você não seja enganado, e também porque o desenvolvimento mental que você tem ao aprender o cálculo e exercitá-lo é positivo. E isso digo eu, que fui um mau estudante de matemática, e que sempre pensei que a calculadora era algo assim como uma vingança contra tantos esforços.

Hoje, as crianças já nascem, por assim dizer, com a calculadora embaixo do braço, mas se não soubessem somar ou subtrair, por melhor que fosse a ferramenta, teríamos a impressão de que perderam alguma coisa, uma destreza elementar, que é saber fazer as coisas por si mesmo, saber como são feitas e por que são feitas assim — são conhecimentos importantes para uma pessoa.

Algo parecido ocorre com a especialização: tudo bem que seja fácil, desde que sua vida não seja simplificada a tal ponto que se elimine todo sentido de busca, de aventura pessoal.

Em que outras coisas a tarefa do educador mudou por causa da internet e da televisão?

Nessa mudança de cenário, o educador também precisa se perguntar que sentido têm expressões como "solidariedade" ou "piedade", já que vemos coisas espantosas acontecendo bem longe, mas que, graças às telas, nós sentimos como se estivessem bem perto. Podemos reagir do mesmo modo que quando o desastre afetava nossos vizinhos ou compatriotas? Dar sentido a virtudes que nasceram quando as notícias afetavam apenas aos seres humanos que viviam próximos, e que hoje pretendemos aplicar a todo o planeta, é um desafio ético do nosso tempo ao qual o educador deve ser sensível.

Tampouco há sentido em nos rebelarmos contra essa situação. A infância é uma etapa deliciosa, mas transitiva; crianças de 60 anos são consideradas deficientes mentais, e não crianças. A própria criança faz perguntas sem parar, são os primeiros filósofos, não se conformam com a ignorância e querem sair dela o quanto antes. É raríssimo encontrar uma criança que diga para não lhe contarem nada, que não quer saber, que tape os ouvidos quando os adultos falam, pois não vai aceitar ser criança por toda a vida. Assim é que a tarefa do educador não pode consistir em lhe vendar os olhos e desligar a televisão, e sim ensiná-la a usar a informação adequada e a reconhecer a que é prejudicial ou falsa.

Mas estão nos impondo as regras com que devemos pensar. Não nos ensinam a pensar por nós mesmos, e sim nos dizem como temos de fazê-lo. O que me preocupa são as gerações seguintes: a situação delas poderá ser ainda pior, talvez não tenham sequer a oportunidade de aprender a pensar. Se as coisas continuarem assim, dirão às crianças do futuro como devem fazer as coisas, o que tem de ser feito, que aparência física deverão ter para serem aceitas na sociedade. Até mesmo os valores que nossos pais nos transmitiram deixarão de ter efeito.

Por mais que olhemos para trás, é a mesma coisa em todas as épocas, sempre vamos encontrar as mesmas queixas. Este ano, por exemplo, estamos celebrando o bicentenário de Charles Dickens; pois Dickens tem duas obras que de certa forma tratam de educação, *David Copperfield* e *Oliver Twist*, dois romances sobre adolescentes que têm de crescer no meio urbano, e as queixas são exatamente as mesmas assinaladas. Não, são até piores, já que a Inglaterra vitoriana era bem mais impiedosa; podiam cortar a mão de quem roubasse uma maçã. Tratavam as crianças de uma maneira que hoje não seria tolerada; sem falar que eram de classe baixa; eram trabalhadores muito pobres, sem direitos.

Se voltarmos mais atrás no tempo, vamos encontrar Juvenal, cujas *Sátiras* estão repletas de queixas contra a educação em Roma. Juve-

A educação

nal lamenta que nunca se recomenda o bom com ênfase suficiente, e que, ao contrário, os maus exemplos e as influências negativas estão constantemente à vista de todos, exibindo seus atrativos.

Por isso não tem sentido resignar-se e justificar o nosso desânimo porque nos coube viver numa época ruim. Há pessoas que acreditam que seriam melhores se tivessem nascido no século xxii, e que aí, sim, iriam conhecer o seu real valor. Mas não é assim; se você tivesse nascido no século xxii, também se queixaria e falaria de como seria bom se tivesse nascido no século anterior. Woody Allen transforma essa situação no motor cômico de seu filme *Meia-noite em Paris*: todas as personagens acreditam que a melhor época para desfrutar da verdadeira Paris, da autêntica, é aquela imediatamente anterior, à qual não podem mais ter acesso, e que vivem num período decadente.

Isto é uma constante: pensar que antes era mais fácil e melhor. Por que pensamos assim? Porque os problemas do passado já estão resolvidos, enquanto nos do presente somos nós que temos de dar um jeito e, claro, é muito mais difícil enfrentá-los do que contemplar as soluções dos outros. Por isso comecei o livro *Política para Amador* com uma citação do primeiro ato de *Hamlet*. Hamlet fica sabendo que mataram seu pai, que sua mãe é uma devassa, que seu tio é um conspirador e que todo o país está de cabeça para baixo, e diz: qual é a graça de vir a este mundo para ter de mudá-lo? Viveríamos tão bem se o tivessem consertado antes de chegarmos! Nós não somos príncipes, mas é uma sensação que em nossa escala todos já tivemos: "Por que não pintaram a escada ou arrumaram a fachada antes de me entregarem as chaves do apartamento?". Seria bom, é claro, mas não é assim que funciona; é sempre você que tem de pintá-la, com todas as dificuldades que isso envolve.

Que tipo de democracia pode haver num país onde as crianças, que serão os futuros eleitores, são ensinadas a pensar de uma forma determinada?

É que para ensinar as crianças a pensar não há outro remédio senão ensiná-las a pensar de uma determinada maneira. A ideia de que as crianças podem começar a pensar por si mesmas é uma tolice, pois nada lhes vai ocorrer. Se pudessem pensar sozinhas, não haveria educação.

Mas o problema da educação é que ela é muito sectária.

A educação não é neutra, ela toma partido de uma coisa ou de outra. Se alguém procura ensiná-lo que o canibalismo é uma variedade gastronômica exótica, você tem de dizer que não. Não somos neutros a respeito de valores. Por isso é importante que nós, educadores, aceitemos que, às vezes, nos cabe ser antipáticos. Num mundo em que todos querem ser como o apresentador de televisão, que vive com um sorriso de orelha a orelha, o educador tem de ir contra a corrente e ser antipático, pois seu trabalho consiste em frustrar. Diante das infinitas possibilidades que se abrem para a criança e o jovem, o educador deve frustrar as más, as negativas, as indesejáveis. Você tem de oferecer resistência à criança que está educando, porque todos crescemos como uma trepadeira, nos apoiando em algo firme, que nos ofereça resistência. É uma tarefa difícil, porque ninguém quer aceitá-la, nem os pais, nem muitos professores. Eu entendo. É duro frustrar alguém para que possa crescer, e depois esse alguém vai embora e não precisa mais de mim. Pois esta é a tarefa da educação: formar pessoas autônomas, independentes. Os filhos que ficam na casa dos pais até os 40 anos, mimados pela mãe, não estão educados.

Antes se dizia que, por natureza, não estamos programados, mas na época atual o senhor crê que a sociedade nos programa?

Na época em que vivemos acontece o mesmo que aconteceu em todas. Dizer que não estamos naturalmente programados é como dizer que todos os seres humanos nascem duas vezes: uma do útero materno, e outra do útero social. Por exemplo, se em vez de ser criado com sua família você tivesse sido raptado por uns macacos, como acontece com Mogli no *Livro da selva*, o romance de Kipling, você não teria desenvolvido a linguagem. Quer dizer, a humanidade é uma potência que você tem, mas, se não estiver envolvido por um ambiente humano, você não irá desenvolvê-la. Hoje sabemos que as pessoas que tiveram de viver abandonadas, ou por uma desgraça, um abandono, ou porque seus pais morreram, são humanas apenas na forma, não têm linguagem, não têm sentimentos humanos...

A sociedade nos condiciona, é claro, mas a convivência nos ajuda a

A educação

nos desenvolvermos mutuamente como seres humanos. Daí a importância da educação e do trato pessoal. Tudo pode condicioná-lo como indivíduo e contribuir para transformá-lo em alguém que, goste ou não, jamais esperava ser. Forma parte da vulnerabilidade do ser humano. Por isso temos de dar atenção aos demais, para tentar desenvolver o melhor dos outros, e que eles, em troca, nos ajudem a ser melhores. Esse condicionamento existe hoje e sempre existiu nas sociedades; na verdade, é a principal razão de vivermos em grupos amplos.

Acredito que o colega não se refere tanto ao que aprendemos uns dos outros, mas sim como influem com seu exemplo nas decisões mais relevantes de nossas vidas. Muitos, por exemplo, começam a beber porque veem os outros beberem.

A imitação é essencial para todos os seres sociais, é fundamental para aprender. Todos os seres que vivem em sociedades organizadas, por exemplo, os macacos superiores (animais que mais se parecem conosco) e os chimpanzés, vivem imitando uns aos outros, é a única maneira de uma sociedade subsistir. Se cada ser fosse totalmente original, não poderíamos viver em sociedade, pois não seríamos receptivos aos demais nem eles a nós.

Quando somos pequenos (mas também adultos), aprendemos a viver observando como os demais vivem. Os outros sempre nos inspiram. Por isso o contato com o professor é importante na educação. Não basta dar toda a informação de que você precisa com o computador. A convivência com professores vivos, de carne e osso, com personalidade, e a despeito de todas as suas limitações, é imprescindível, porque nos preparamos para viver investigando as pessoas que estão mais avançadas nessa tarefa.

É claro que os exemplos daqueles com quem aprendemos às vezes podem ser bons e outras vezes tolos ou mesmo prejudiciais. Daí a suma importância de quem educa, porque, de qualquer forma, ninguém vai ficar sem educação. Se você não for educado por um professor responsável, num bom centro de ensino, será educado pela gangue do bairro, pela internet ou pela televisão. Uma das tarefas mais importantes dos educadores em nossa época é conseguir chegar às crianças antes dos maus educadores, de modo a protegê-las de sua péssima influência, ou cortá-la pela raiz.

Por outro lado, embora aprendamos a viver humanamente observando como os outros se viram, não há tantas espécies diferentes de educação básica. Quando alcançamos certa maturidade, introduzimos elementos mais pessoais em nossa maneira de viver, mas mesmo assim todas as vidas são muito parecidas umas com as outras. Há casos como o de Mozart, que para nosso desfrute fez coisas que a maioria de nós jamais alcançará, mas, em geral, desfrutamos de uma margem de liberdade, ainda que não seja excessiva.

Mas o que podemos fazer quando o nosso ambiente de convivência nos torna presas de sua maneira de pensar?

Você diz que não pensa porque o ambiente não o deixa pensar, está convencido de que vão educá-lo de tal maneira que não poderá decidir por si mesmo, que não poderá desenvolver seu próprio pensamento. Mas, se o ambiente nos induzisse a pensar de uma determinada maneira, não perceberíamos isso; ao contrário, se você percebe, por que os outros não iriam perceber também? Se o ambiente induz igualmente a todos nós, por que existem opiniões discrepantes?

É gratificante pensar que você não é afetado pelo que se passa com os outros, que você paira sobre os demais. É como quando a gente diz que a televisão imbeciliza — olhe que já ouvi isso muitas vezes, mas nunca ouvi ninguém dizer: "Sou um imbecil perdido porque vejo televisão todas as tardes".

É possível que os detentores do poder, as empresas ou os bancos, como queira, tenham interesse em que você pense uma série de coisas e o induzam a isso. Mas, se você pode resistir a esse estímulo, percebê-lo e invertê-lo, os outros também serão capazes; e os que não conseguirem por si sós, poderão ser convencidos se nos empenharmos nisso. Cada um de nós tem inteligência e recursos suficientes para influenciar as pessoas de sua convivência.

Se você quiser mudar as coisas, é preferível que esteja rodeado de pessoas com uma mente flexível, receptiva aos argumentos, que não esteja dominada pelo medo. Não digo que a educação resolva todos os problemas, mas na solução de cada problema há um ingrediente que uma boa educação pode ministrar. A educação é o único mecanismo de revolução pacífica que existe. Ela é o antídoto contra a fatalidade.

A educação

A fatalidade faz com que o filho do pobre seja pobre, que o filho do ignorante seja ignorante; uma boa educação faz explodir essa barreira pelos ares. A educação é o que há de mais subversivo.

Os professores também percebem que temos de aprender a pensar por nós mesmos. Neste momento está tudo de pernas para o ar, e no colégio nos dizem que, se quisermos melhorar isso, temos de encontrar nossas próprias soluções.

Claro, a ideia é essa. Mas também há que se levar em conta que, para poder pensar por si mesmo, é necessário ter uma série de conhecimentos sobre o que pensar. Pensar é como arrumar uma casa. Você pode arrumá-la de diversas formas; o que não pode é arrumar uma casa vazia. As coisas da casa podem estar amontoadas, bagunçadas, dispostas sem sentido, pode faltar ou sobrar algo, mas, se não houver nada dentro, esqueça, não poderá arrumá-la.

A educação serve para estimular a pensar, mas também para lhe proporcionar conteúdos que em seguida é você que terá de colocar em ordem. Uma educação que, desde o início, pretenda lhe dar todo o conteúdo organizado, para que você não pense, será ruim; por outro lado, outra que nada ofereça, que pretenda pensar a partir do vazio, também o será. Ainda que você tenha muita força de vontade e determinação para pensar por si mesmo, sem conteúdos, sem coisas sobre as quais raciocinar, não conseguirá nada de nada.

Para um debate saudável, é tão importante arriscar-se a formular as próprias ideias quanto aprender coisas pelas quais valha a pena tomar partido. Por isso o educador é tão importante, porque o dota de conteúdos, porque ensina coisas que sozinho você não pode aprender. O aprendizado sempre vem de lugares e de pessoas que não pertencem ao nosso interior, e devemos ter força de vontade para colocar em ordem o que vem do exterior.

Está claro que temos necessidade de outros seres humanos para nos educar, para viver, e que podemos aprender a viver observando os demais; mas o que me preocupa é o que o senhor disse sobre os maus educadores; sempre vai haver alguém que poderá nos educar mal. Como podemos evitar isso ou nos proteger desse perigo?

É que, sem esse risco, a educação não seria necessária. Imagine você que vivêssemos numa sociedade em que todos os adultos fossem como são Francisco de Assis ou como a madre Teresa de Calcutá; então você diria a seu filho: "Menino, vá pra rua e faça tudo que você vir pela frente", pois estaria seguro de que tudo que ele fosse encontrar seria excelente, generoso, solidário...

Infelizmente, sabemos que não é assim; por isso, é importante que existam lugares onde você receba anticorpos para enfrentar a infecção da vida em sociedade, para que não seja dominado pelo que o espera lá fora, porque, se você chegar sem essas defesas desenvolvidas, estará perdido.

Esses problemas não podem ser evitados, pois não vivemos no mundo que queremos, mas no mundo que existe, no mundo de sempre. Se a virtude e as coisas que consideramos valiosas fossem mais comuns ou correntes, não haveria nenhuma necessidade de recomendá-las. Nós as defendemos porque, de uma maneira ou de outra, sempre estão em perigo, enfrentando correntes opostas. Ninguém precisa de aulas para respirar, nem de conselhos ou ânimo para fazê-lo. A gente simplesmente respira, se bem que é verdade que nas grandes capitais está cada vez mais difícil fazer isso. Por outro lado, há que recomendar as coisas que tropeçam nas dificuldades sociais, mas isso é inevitável. O mundo é como é e continuará havendo a mentira, a exploração, o horror, as agressões... No prólogo de um de seus contos, Borges, falando de um antepassado seu, diz: "Tocaram-lhe, como a todos os homens, maus tempos em que viver"[5].

O senhor acredita que a humanidade ainda não saiu totalmente da caverna, que muita gente continua a viver como se estivesse anestesiada?

Os que entendem dessas coisas dizem que as fases pelas quais passa o feto humano, até o seu desenvolvimento pleno, correspondem a fases evolutivas que a espécie atravessou enquanto evoluía. No princípio é uma espécie de lagarto ou de peixinho, e depois vai adquirindo o aspecto de um mamífero...

Enfim, nascemos como criaturas humanas, mas creio que em cada um de nós existam estratos e fases mentais que refletem essas etapas

---

5   N.E.: Esta frase conclui a Nota preliminar à *Nova refutação do tempo* (1946).

A educação

primitivas. Somos todos, por exemplo, um pouco reptilianos, e pensamos o mundo em termos de amigo e inimigo. Há certos dias em que, graças às nossas ações, merecemos nos sentir orgulhosos de pertencer a uma espécie evoluída; e outros em que nem sequer atingimos a altura de um chimpanzé. Por isso, uma desculpa recorrente, quando agimos mal, é: "Não me julgue por isso, normalmente não sou assim". Não queremos que nos enquadrem numa de nossas facetas, sobretudo se é uma das piores. Queremos que nos seja dada a oportunidade de demonstrar que não correspondemos ao que fizemos durante um dia ruim, e sim de que somos capazes de coisas melhores.

Qual é a sua opinião sobre os cortes na educação? Reduzir o dinheiro da educação beneficia a sociedade?

Agora mesmo estamos atravessando um período de crise e começamos a perceber quão caro vamos pagar pela má educação que temos em nosso país. Estou convencido de que as melhorias na educação são a única coisa que pode nos tirar do atoleiro, mas não de maneira imediata; é uma aposta de médio prazo. É um pouco como quando vemos uma pessoa cair na água e começar a afundar: não será muito útil dizer a ela que vamos ensiná-la a nadar; isso devia ter sido feito antes, agora já está se afogando. Se quisermos que sirva para um futuro imediato, é agora que temos de ensinar as pessoas a nadar. Assim, os cortes na educação, num país em que ela já está mais reduzida do que em qualquer outro lugar da Europa, exceto Grécia e Portugal, só podem ser considerados um desastre.

O orçamento é muito importante. Aqui somos um grupo que se pode abarcar, com o qual se pode falar, mas se multiplicássemos por três o número de alunos e metade deles não falasse espanhol, se as diferenças de conhecimento fossem abissais... Não digo que fosse impossível dar aula, mas, por melhor que fosse o programa traçado pelo ministério, não se poderia cumpri-lo.

O mesmo ocorre com os professores. Não podem continuar ensinando o que lhes foi ensinado, porque o mundo muda e a sociedade pede o domínio de novos conhecimentos. Assim, os professores devem ter formação continuada, e essa formação também é cara. Tudo o que se relaciona com uma boa educação é caro, mas no longo prazo sai mais caro manter um sistema ruim e barato. Os países que estão saindo da crise, como a Alemanha e a França, são os que mantêm um bom sistema educacional.

Se a base de tudo é a educação, o senhor está de acordo com o sistema educacional de hoje?

Isso é como perguntar se estamos de acordo com o sistema digestivo geral do país.

Na Espanha, confiamos no que se põe no papel. Se a lei diz uma coisa e a lei é estupenda, parece que tudo já está resolvido; então você guarda o papel, sai para fora e descobre que tudo continua como estava. Todos os planos educacionais têm coisas boas e coisas ruins; o problema é como estão sendo aplicados.

Mas eles não querem que sejamos educados.

Investir em educação não é prioridade para um político. Não pense que eles não entenderiam o que dizemos aqui, eles entenderiam perfeitamente. O problema é que é uma solução de longo prazo. Imagine que a partir de amanhã, neste país, se comece a educar da forma como gostaríamos. Quanto tempo demoraríamos para perceber os efeitos, para desfrutar dos benefícios? Quinze anos? Não existe político no mundo que pense num prazo de 15 anos; os que são capazes de levantar a cabeça e ver que têm 15 dias pela frente já são bons. Não dão importância porque não verão os resultados. É como pedir a eles que invistam em algo cujo prêmio será dado a outras gerações, a outros políticos. E, assim, confiam em remendos e numa educação em sentido amplo: a família, os meios de comunicação, as relações humanas, as coisas que aprendemos ao brincar, ao trabalhar...

Além disso, a educação tem certa dimensão suicida que o professor conhece muito bem. O verdadeiro educador, como já disse, é quem ensina para que aquele que aprende possa prescindir dele um dia. Os bons pais educam os filhos para que um dia possam ir embora, e o professor, para que o aluno seja um dia mais bem preparado do que ele. Este é o aspecto duro da educação: o propósito final é se tornarem independentes, não necessitarem mais de você. De maneira que a edu-

A educação

cação vai na contramão dos políticos e de sua categoria, que preferem seguir controlando os cidadãos, continuar cobrando, dizendo a todos o que devem pensar em cada caso.

Por isso, é a sociedade que deve reivindicar uma boa educação. Há que se dizer aos políticos que eles irão embora, mas nós vamos ficar, e por isso queremos educação. Somos nós, cidadãos, que devemos exigir uma educação que nos proteja, que nos ofereça melhores oportunidades para o futuro, já que para os políticos ela nunca será uma prioridade.

Internet e direitos

Existe um assunto que me chama a atenção: os piratas da internet, os ladrões. Quando falamos com eles, se vangloriam de baixar cinquenta filmes toda semana, cem músicas, duzentos livros. Alguém poderá perguntar: "Para que ele quer baixá-los? Como consegue ver cinquenta filmes numa semana?". E o pirata responde que não os vê, que o que ele gosta é de guardá-los, que tem mil, dois mil ou três mil, devidamente arquivados.

É curioso que o fato de baixar o filme, de praticar o roubo, substitui o prazer de vê-lo. Vê-lo? Pra quê? E o mesmo acontece com as músicas, sem falar nos livros. A bulimia do predador, o prazer de andar metido na rede, conseguindo tudo o que quer sem pagar, já está acima de qualquer interesse humano pelas coisas. Agora que, mais do que nunca, temos os meios de satisfazer a curiosidade, é possível que a percamos, pois a curiosidade era despertada pela dificuldade de satisfazê-la, ela se alimentava do esforço, era preciso levantar a saia para olhar, não era tão fácil; agora, as saias são apagadas com o Photoshop, não exigindo o mínimo esforço.

O senhor acredita que, com as novas leis que pretendem regulamentar a internet, estão dando o primeiro passo para censurar a liberdade?

Restringir a liberdade de roubar não é censurar, é corrigir comportamentos inadequados.

Mas são leis que vão contra os hábitos e os costumes estabelecidos na internet. Fica parecendo que os políticos chegaram tarde, e então quiseram fazer uma legislação às pressas, na correria, e acabaram perdendo a mão.

Se amanhã falhassem os sistemas de proteção de uma grande loja de

Ética urgente!

departamentos e todos os seguranças fossem para casa, muita gente entraria na loja e levaria os artigos de que mais gostasse. Supondo que no dia seguinte os sistemas voltassem a funcionar e os agentes de segurança voltassem aos seus postos, não sei se seria muito útil dizer ao gerente: "Vamos lá, amigo, deixe a gente levar o que quiser, como ontem, que você logo se adapta aos novos costumes". E, supondo que fosse esse o caso, o problema duraria dois dias, quando então a loja fecharia as portas e se daria adeus aos novos costumes.

Também a energia nuclear trouxe novos perigos para a humanidade. Mas a ninguém ocorre dizer: "Olhe, agora com a energia nuclear e os vazamentos radioativos, adapte-se à situação; antes se usavam paus e, agora, bombas atômicas; e, como elas proliferam, se um dia uma delas cair sobre a sua cabeça, aguente firme". Não é assim que funciona. Tomam-se medidas para que não haja vazamentos, melhoram-se as centrais, adaptam-se protocolos de segurança e se aprova uma legislação para que não aumente o número de ogivas nucleares, reduzindo o risco para a humanidade.

As novas tecnologias não impõem um estado inicial do qual não podemos sair nem progredir ou melhorar. A capacidade de fazer coisas sempre vem acompanhada de regras jurídicas ou morais, pensadas precisamente para dar um bom encaminhamento a tais coisas. A invenção das armas de fogo exigiu um tipo de regulamento impensável para os tempos em que os assuntos se resolviam com navalhas e facas. A internet tem suas vantagens; mas, quando você organiza um sistema de difusão e propaganda em que a verdade e a mentira se confundem, está abrindo um novo campo de atividade que deverá ser regulamentado por leis, para que certos indivíduos deixem de tirar vantagem, como os pedófilos, os que divulgam informações para benefício dos terroristas, e também os que agem em prejuízo de determinadas obras artísticas, que podem ser baixadas impunemente.

A humanidade tem uma capacidade incrível de pôr as coisas em funcionamento, e, cada vez que se desenvolve uma nova tecnologia, a espécie humana penetra num campo em que haverá coisas boas e coisas más, benefícios e ônus. O novo nem sempre é sinônimo de bom. Há novidades terríveis e outras maravilhosas. A maioria tem essa dupla faceta, e será preciso regulamentá-la para que o aspecto benéfico predomine sobre o prejudicial. Volto à energia nuclear porque

Internet e direitos

é o melhor exemplo. Ela significou um enorme avanço, mas também pode ser uma grave ameaça. Na verdade, a mais grave que se pode imaginar, já que é capaz de destruir o mundo, o que também é uma tremenda novidade. Pois bem, a obrigação dos seres humanos não é nem proibi-la nem desenvolvê-la sem controle; é regulá-la, pois se trata de uma invenção nossa.

Mas existem outras soluções. Entendo perfeitamente que pretendam regulamentar a internet para evitar comportamentos imorais, mas em alguns países do norte da Europa as pessoas pagam uma cota mensal de direitos autorais.

Não digo que exista apenas uma fórmula; existem mil fórmulas possíveis de controle para evitar roubos e impedir a difusão de determinados materiais perniciosos. É claro que existem diversas fórmulas, mas insisto que deve haver uma em vigor que regulamente a internet.

E, mesmo agora, a situação é que cada vez que se tenta aplicar uma fórmula sai alguém dizendo: "Não, essa não me agrada, prefiro a que existe em tal lugar". E, no final, você acaba desconfiando que ele não vá gostar de nenhuma que entre em vigor. O que ele não gosta é daquela que o afeta, justamente porque o obriga a algo. E essa é a atitude que devemos mudar. Temos de admitir que haverá uma fórmula e que ela vai afetar certos comportamentos que são benéficos para você, mas prejudiciais para outros. Tampouco podemos esperar uma lei perfeita e definitiva para começar a aplicá-la. Dentro de vinte anos, a internet e o mundo terão mudado seu perfil e as leis evoluirão nesse ritmo. Mas o que não podemos tolerar é um ambiente sem regulação, onde se pode fazer toda espécie de coisas que são negativas para o bom funcionamento da sociedade e que, não obstante, por leniência política, para não ofender os piratas, ficam totalmente impunes. Pois impunidade é corrupção.

Todos os avanços democráticos nascem de uma tentativa de dar um chega pra lá nas autoridades, nos que agem impunemente. Luís XIV fazia o que queria, e não passava pela cabeça de ninguém dizer a ele o que tinha de fazer. O avanço não foi deixar que todo mundo agisse como Luís XIV cada vez que lhe coubesse ser rei, e sim minar o poderio que tinham os dirigentes, criando melhores mecanismos de controle. Hoje em dia já não queremos perder essa capacidade de exigir que nos prestem contas. Seria um tanto absurdo defender que devemos controlar os políticos para que não cometam abusos, mas que vamos deixar a internet livre porque não vejo nada de mal em baixar gratuitamente os filmes e vídeos com os quais me entretenho todas as tardes. Não me parece um argumento honesto.

Para mim, a lei Sinde[6] está muito aquém do esperado, promete muito e entrega pouco. Sou partidário da lei francesa, que incrimina diretamente os usuários, e não as páginas da *web*.

Se eu tenho um livro e o empresto a um amigo, estou roubando?

Não. Se você tem um livro, é porque pagou o preço que pediram por ele. Cada exemplar tem seu preço, se você o compra é seu, e pode fazer o que quiser com ele: dá-lo de presente, vendê-lo, emprestá-lo, sem problemas. O preço foi pago e os editores estão contentes. Mas, se você copia o exemplar para vendê-lo na rua ou monta um negócio para tirar proveito econômico e lucrar, aí sim você está se apropriando de algo que não é seu.

Mas não vão querer que a gente pague 5 ou 10 euros por um disco, se ele pode ser encontrado de graça na internet.

De uma coisa eu sei: os discos e livros nunca estiveram tão baratos. Qualquer pessoa neste momento pode ter uma coleção de livros, CDs ou DVDs a um custo quase zero: eles vêm nas revistas que você compra na banca, na cesta de frutas, a tal ponto que já não sabemos mais o que fazer com tantos títulos; não temos tempo para usufruí-los. A cultura nunca foi tão acessível como hoje, e justo agora alguém descobre que, apesar de tudo, continua sendo cara demais. É muito desaforo.

No dia em que falsificarem ingressos de futebol e as pessoas se negarem a formar filas quilométricas, como as que se formam todo domingo, e reclamarem que os ingressos estão caros, nesse dia eu me juntarei aos que acham abusivo o preço do livro. Mas receio que esse dia esteja longe.

---

6   N.T.: A lei Sinde, ou Sinde-Wert (dos sobrenomes da ministra da cultura e do ministro da educação da Espanha), de março de 2011, estabelece o direito do governo de tirar do ar os *sites* considerados piratas, isto é, que têm conteúdo ilegal.

Internet e direitos

Com a situação atual, o que se conseguiu é que os únicos que podem viver de música são os grupos que fazem *shows*, e nos últimos 14 anos nenhuma gravadora importante produziu um grande disco. O que se conseguiu foi excluir os jovens que hoje gostariam de fazer música, porque não pagam a eles o que Bruce Springsteen ganha por um *show*, nem gravam os seus discos. É uma situação terrível, tétrica. É claro que as gravadoras buscam o lucro, mas essa mesma acusação também pode ser feita aos distribuidores de verduras e aos que vendem malhas de lã. Também poderíamos nos perguntar por que o presunto de Jabugo[7] custa o que custa, mas enquanto isso não acontece passamos pelo caixa.

Mas a roupa e o presunto são supérfluos, enquanto a cultura é um bem indispensável.

Por que uma malha de lã seria supérflua quando se tem frio? A cultura não é uma coisa assim tão rara e tão especial. A única coisa que distingue as obras culturais dos demais produtos é que você pode consegui-las pela internet, e por isso lhes pareceu um caso "especial". Se os relógios Rolex pudessem ser baixados pela internet, todos nós usaríamos um Rolex, e ninguém jamais iria a uma relojoaria. Você faz *download* da cultura gratuitamente não porque ela seja algo especial, mas porque é acessível. Então, como lhe é conveniente, você constrói uma teoria para justificar que continue a ser grátis. Se pudéssemos baixar o presunto de Jabugo, as malhas de lã e um Aston Martin, você logo veria como iam aumentar os partidários de que o Jabugo, as malhas e o Aston Martin são cultura, e lutariam para conseguir o acesso gratuito. Essa distinção não funciona.

O que é mais reconfortante: que as pessoas comprem dois mil livros ou que duzentas mil pessoas leiam o livro?

Se 10 mil pessoas leem livros gratuitamente pela internet e ninguém ganha dinheiro com isso, os livros vão acabar, deixarão de ser escritos.
Veja, eu posso ter uma ideia e estar tão convencido de sua utilidade

---

7   N.T.: Presunto cru especial, elaborado na região de Huelva (Espanha), em condições microclimáticas únicas, a partir da carne de porcos da raça ibérica, os quais são criados livremente em pastos naturais, onde se alimentam de bolotas (frutos do carvalho).

para a vida pública que cedo os meus direitos e a divulgo gratuitamente, para que chegue a todo o mundo. Imagine que um dia Plácido Domingo se canse de cantar em grandes salas e estreie numa esquina com o "Adeus à vida"[8], da *Tosca*, gratuitamente, para que todos possamos parar e escutá-lo. Não vejo nenhum problema nessa atitude; seria um abuso se os editores ou uma gravadora o obrigassem a cobrar.

O problema é quando a entrega gratuita do seu trabalho não é voluntária, quando não perguntam ao escritor ou ao cantor se quer cobrar ou não. O que não admito é que alguém decida por mim se tenho de ser generoso ou não, nem que os internautas me coajam. A generosidade deve ser uma prerrogativa pessoal, e deixa de ser generosidade quando se converte em imposição de alguém que diz saber o que é melhor para mim. Não façamos como as empresas atuais, que lhe enviam uma carta na qual se pode ler: "Agradecemos-lhe que, em prol da saúde financeira da empresa, tenha aceitado um corte de 10% em seu salário". Isso para que você, em meio ao incômodo causado pela perda de seu poder aquisitivo, possa pensar: "Como sou generoso, sobretudo quando não me resta outra saída".

Respeito seus argumentos sobre a pirataria, mas não entendo como alguém pode ser contra o WikiLeaks. São segredos de um país, mas parece que prejudicam o resto da comunidade internacional.

Os Estados Unidos têm segredos de Estado, como de resto todos os países têm, e é compreensível que seja assim. Todos os governos têm segredos, e observe que isso não é algo totalmente reprovável. Não admitiríamos que um governo não fosse discreto em suas negociações e deliberações, pois às vezes eles devem tomar medidas que, se sabidas antecipadamente, perderiam toda a sua eficácia. Se amanhã lhe aplicarem uma prova, você acha que deveriam dizer hoje quais são as perguntas que vão cair na prova somente porque são secretas? Seria útil para os mais atrasados e para os folgados, mas não seria justo fazê-lo. Quando um tribunal vai julgar um opositor, as discussões são

---

8   N.E.: Este é o nome popular dado em espanhol à ária para tenor "E lucevan le stelle" (E brilhavam as estrelas), do III ato da ópera *Tosca* (1900), do compositor italiano Giacomo Puccini.

Internet e direitos

privadas, e não se poderia debater com justiça se fossem transmitidas para o público. O mundo está cheio de coisas que devem ser divulgadas e outras que não podem, nem devem.

Durante quase 15 anos da minha vida tive de sair de casa acompanhado por dois guarda-costas que me protegiam quando eu ia a qualquer lugar[9]. Você acha que tanto eles quanto eu ganharíamos alguma coisa se alguém tivesse divulgado pela internet suas identidades, o meu local de destino, o trajeto a ser seguido e as paradas para descanso? Só porque um cara que ninguém elegeu, nem representa nada a não ser a si mesmo, decide que basta de segredos, eles devem ser revelados?

Creio que não ganharíamos nada com isso. Para mim, o dono do WikiLeaks me parece um completo sem-vergonha. Um cara inconsequente que se lançou numa aventura da qual poderá sair-se bem ou mal, mas que prejudicará muitas pessoas. Não nego que muitos segredos sejam vergonhosos, mas outros não são e, em todo caso, quem os está divulgando é um sujeito incontrolável que não tem nada a ver com um Estado democrático, cujos responsáveis foram eleitos pelos mesmos cidadãos que podem mandá-los de volta para casa. Que um sujeito, por ter acesso e habilidade, decida o que pode continuar secreto e o que deve deixar de sê-lo me parece muito perigoso.

---

9 N.E.: Savater refere-se ao período, encerrado no fim de 2011, em que viveu protegido por escolta devido à sua oposição pública ao nacionalismo basco, que lhe valeu ser ameaçado de morte pela organização terrorista, nacionalista e independentista basca ETA (*Euskadi Ta Askatasuna* — Pátria Basca e Liberdade).

A privacidade

O conceito de privacidade tem variado de acordo com a evolução da sociedade. Por exemplo, hoje já estamos acostumados com as câmeras de vigilância, estão por todos os lados, de maneira que grande parte de nossa vida fica registrada. Também mudou o uso das máquinas fotográficas. Qualquer comemoração é fotografada, e as imagens publicadas nas redes sociais, inclusive sem o seu consentimento. Pessoas desconhecidas que podem filmá-lo se você salva uma criança que está se afogando, ou se na loja você passa a mão no traseiro de uma jovem. O trágico, o cômico, o heroico, o risível... Qualquer coisa parece pedir uma foto.

E, se for uma pessoa conhecida, se for alguém que exerce um cargo público, então não há escapatória possível. Não existe segredo. Muito me surpreende a ingenuidade de alguns políticos, atores ou funcionários que embarcam numa brincadeira pensando que não serão vistos nem filmados, quando sabemos que hoje isso é impossível. O que você disser será registrado por um microfone, e uma câmera vai capturar seus gestos e movimentos; a vida pública não tem dobras nem frestas onde se esconder.

A privacidade deixou de ser algo comum para se converter em algo difícil de conseguir; tornou-se mais valiosa, porque foi sequestrada. Observe a diferença que existe entre falar ao telefone sem que outra pessoa saiba onde você está e falar ao telefone rastreável ou com alguém que pode vê-lo através de uma câmera. Nela se podem ver coisas agradáveis, como os olhos meigos da namorada, mas também o chefe, que percebe que você está num bar, em vez de estar fazendo o seu trabalho sei lá onde...

A privacidade transformou-se numa espécie de aventura pessoal permanente. Procurar privacidade, proteger a privacidade, negociar a privacidade com outras pessoas, decidir com quem você quer ter uma conversa particular e com quem não trocará uma só palavra sem a presença de luz e taquígrafos... Os momentos de privacidade são agora uma conquista, algo que devemos negociar com os outros.

Mas, se esse comportamento vira um hábito social, fica cada vez mais difícil resistir a ele; chega um momento em que não lhe resta outra saída senão tolerá-lo.

Agora mesmo, estamos andando pela rua e podemos ouvir perfeitamente um senhor que grita: "Pepita, te amo, estou te esperando na esquina", ou "Pepita, subo em dois minutos". No ônibus, no aeroporto, vão gritando a plenos pulmões conversas íntimas, que antes nem sussurravam, e você não sabe onde meter a cara, porque agem como se não existisse mais ninguém no mundo. Alguns anos atrás, esse senhor seria considerado um louco; agora, é um tipo normal e comum. E, se reclamarmos de seu comportamento, nós é que pareceremos marcianos ou transtornados.

Essa, sim, é uma mudança notável.

Mas essa perda de privacidade é muitas vezes voluntária, não nos incomoda.

É bom fazer algumas distinções; é verdade que, quando alguém é observado ou quando sua conversa é gravada sem seu consentimento, a primeira coisa que pensamos é num olhar puramente controlador, no sentido mais abusivo do termo.

Mas a verdade é que há certas vantagens nessa observação. Por exemplo, é muito constrangedor ter de passar por um escâner toda vez que se entra num avião; esvaziar os bolsos de moedas, tirar o cinto, o relógio... Mas, se temos a oportunidade de escolher entre o estorvo do escâner ou embarcar no avião com alguém levando uma bomba... Está claro o que vamos escolher; no fim, se você não tem nada a ocultar, a perda de privacidade é mínima.

Agora, é perigoso se lhe fazem essa mesma revista quando você chega de manhã ao trabalho. Se o fizessem passar por um bafômetro ou tirassem uma amostra de seu sangue para saber se ontem você usou alguma substância ilegal. Nesse caso, o que está em jogo não é a segurança, que se aceita; aqui, estão impondo a você um controle baseado na ideia de outra pessoa do que é bom ou é mau; é uma intromissão.

Quando se trata de privacidade, não podemos dizer "sempre" ou

A privacidade

"nunca"; devemos negociar continuamente. Admite-se o teste do bafômetro na estrada porque é um lugar onde você pode ter ou provocar problemas aos demais, um espaço onde não se aceitam pessoas que tenham bebido. Mas, se fizerem essa mesma exigência no cinema, você tem todo o direito de não entrar e ir embora. E, se vierem à sua casa (um espaço onde se supõe que você possa ser você mesmo), está em seu direito recusar-se.

Sobre a verdade

O problema não é termos opiniões diferentes, e sim averiguar que opinião se aproxima mais da verdade, pois a verdade convém a todos nós. Se eu acredito que dois e dois são cinco e você vem e me demonstra que são quatro, não teremos tido nenhum conflito; o que aconteceu é que você me ajudou a raciocinar melhor.

Mas o que acontece se minhas opiniões entram em choque com as de outra pessoa, se não nos convencemos?

Nem sempre as opiniões têm de entrar em conflito. Certamente, existem coisas para as quais cada um pode ter sua própria verdade; por exemplo, quando se trata de decidir o que queremos no café da manhã, aí cada um escolhe conforme seu gosto. Mas, se falamos da fórmula da água, bem, aí se trata de uma determinada combinação de hidrogênio e de oxigênio que não depende nem de seu desejo, nem de sua opinião nem de seu gosto. Depende de saber ou não a fórmula. E há muitos casos em que tudo depende de saber ou não saber; a discussão é incabível porque não se trata de gostos ou de opiniões, e sim de se resolver pela comparação com a realidade.

Os gostos variam, mas os conhecimentos costumam ser bastante estáveis. As montanhas medem o que medem, independentemente do que você e eu acreditemos sobre sua altura; o que se deve fazer é ir até lá e medi-las.

Também é certo que na vida nem tudo é mensurável e comprovável. As emoções, a convivência, os sentimentos, as preferências políticas... Tudo isso é variável e discutível, há muitos enfoques... Também há muitas maneiras distintas de dar sentido à vida, e isso é fantástico. A arte também se baseia exatamente nessa variedade, na qual não se pode dizer a palavra definitiva, diferentemente da

Ética urgente!

ciência, na qual, se alguém descobre algo e o demonstra, o resto da comunidade deve aceitar.

É muito importante, para não perdermos tempo e não nos enganarem, que aprendamos a distinguir quando temos uma situação diante da qual cada um deve buscar seu próprio caminho, e quando nos defrontamos com um assunto que se pode resolver recorrendo à realidade.

Antonio Machado dizia: "Não a tua verdade, a verdade, e vem comigo buscá-la; a tua, guarda-a"[10]. Em muitos casos, a verdade não é a de um ou a de outro, e sim aquela que a realidade impõe.

Quando se depende do gosto, da opinião ou do interesse, também é bom descobrir qual é o predominante, para nos adaptarmos a ele, ou como ponto de partida para começar a transformá-lo. Num mundo plural, as discussões são inevitáveis. Felizmente, ninguém nos impõe o que temos de dizer ou defender em público, de maneira que as opiniões e os interesses se chocam entre si. A boa convivência é feita de intercâmbios: o lubrificante das relações sociais é a capacidade de escutar e ceder. As pessoas que sempre tratam de se impor e nunca cedem, ou vivem sozinhas, ou têm escravos, mas é impossível que participem da convivência.

Mas, em matérias como história, o que é explicado ao aluno depende muito de como o professor pensa.

Claro que pode influir. O pensamento das pessoas não é puro, é influenciado pelas crenças de todos. Se o professor for de direita, vai contar a história segundo esse ponto de vista, e se for de esquerda, vai contar a partir desse.

Mas essa influência tem seus limites de atuação: pode modificar o enfoque, mas ninguém vai contar que Júlio César era asteca. Uma vez, disseram ao velho político francês Clemenceau: "Vá saber como interpretarão a Primeira Guerra Mundial dentro de alguns anos". E Clemenceau respondeu: "Não sei como irão interpretá-la, mas com certeza ninguém defenderá que a Bélgica invadiu a Alemanha".

---

10 N.E.: Savater cita com ligeiras alterações o terceto do poeta andaluz (1875-1939) contido em *Provérbios e cantares (Novas canções)*, 2ª parte, LXXXV: "¿Tu verdad? No, la Verdad,/ y ven conmigo a buscarla./ La tuya, guárdatela".

Sobre a verdade

Existem aspectos da história que podem ser explicados com enfoques distintos, aos quais podemos dar interpretações matizadas, mas há sempre uma base objetiva. Por outro lado, vocês têm a sorte de viver numa época em que lhes é dada a oportunidade de se educarem e ninguém lhes impõe um pensamento. Vocês têm o dever de ouvir o professor, mas também é bom tomar a precaução de não acreditar nele cegamente. Ainda mais agora que temos acesso a uma quantidade de informações que nenhum de nossos antepassados jamais havia suspeitado.

Gostaria de saber se o senhor está de acordo com Kant quando ele afirma que não se deve mentir em nenhuma circunstância.

O que Kant quer dizer é que, no fundo, quando alguém mente está fazendo uma exceção à norma moral, já que você gostaria de viver num mundo onde se dissesse a verdade. Você está em casa e entra um homem com um machado para matar um cara, que está escondido debaixo da cama; bem, nesse caso, se o homem lhe perguntar se você o viu, eu preferiria que você dissesse: "Ele acaba de passar correndo por ali e pegou um ônibus", ainda que seja mentira, a ter de cumprir a norma moral de dizer sempre a verdade e condená-lo à morte certa. Há sinceridades que podem ser funestas. É como aquela velha piada do Jaiminho, que vê sua tia e lhe diz: "Como você é feia, tia"; e sua mãe, horrorizada, o repreende: "Jaiminho, por favor, não diga isso à sua tia, peça desculpas e lhe diga que sente muito". E o Jaiminho arremata: "Tia, sinto muito que você seja tão feia". Eu sou mais consequencialista do que Kant; acima da coerência de minha atitude com uma norma que considero boa, ponho as consequências previsíveis e imediatas de meus atos.

Para Kant, a regra moral é soberana; não devemos calcular as consequências de um ato determinado para avaliá-la, porque ninguém pode prever a cadeia completa das consequências. Por exemplo, você vê um garoto que caiu num rio, a corrente o arrasta, ele está se afogando, você se atira com toda a sua boa vontade e o resgata da morte. Quando você lhe pergunta como se chama, ele responde: "Adolf Hitler". Bem, do ponto de vista das consequências que você conhece, você já as preparou. Kant diria que você salvou o garoto porque é o que dita a norma moral, porque queremos viver num mundo em que os adultos socorrem as crianças que se afogam nos rios; se o garoto, ao crescer, se converte numa praga para a humanidade, o que se há de fazer? Já não é culpa sua. Entre os que se dedicam a pensar sobre temas morais, existem alguns, como nós, que não somos tão rigoristas como Kant, que pensamos que as consequências dos atos também devem ser consideradas antes de se tomar uma decisão moral.

Não acha que às vezes há algo de mentira na verdade, e algo de verdade na mentira?

Paul Valéry escreveu uma peça de teatro que é uma versão muito particular do *Fausto* tradicional. E seu Fausto é um senhor muito moderno, que está no escritório com sua linda secretária, com a qual passa toda a peça conversando. E há um momento em que a secretária lhe pergunta: "Quer que lhe diga a verdade?". No que Fausto responde: "Diga-me a mentira que considere a mais digna de ser verdade".

Ciência e robótica

Já não há que esperar pelo futuro, já vivemos plenamente no mundo dos robôs.

Desde que Karel Čapek inventou a palavra, sempre tínhamos imaginado robôs antropomórficos, mas os micro-ondas são robôs, e na cozinha temos uma dezena de robôs trabalhando para nós. Os robôs estão por toda parte numa casa, facilitando nossas tarefas, às vezes bastante complexas. Não os reconhecemos como robôs porque não se parecem conosco, mas são. O mesmo se pode dizer da automatização das próteses humanas, que se aceleraram nos últimos tempos.

Estamos falando de um século muito acelerado: 90% dos inventos técnicos que a humanidade fez em toda a sua história pertencem aos últimos cem anos. E essas invenções, na maioria dos casos, foram superações de nossas aptidões, para aumentar sua capacidade. O cavalo foi suplantado pelo vapor e o vapor, pela gasolina. O microscópio e o telescópio são versões mais poderosas do nosso olho. O míssil substitui o punho na guerra. Muitos dos nossos órgãos têm uma réplica mecânica que os amplifica, acentua ou suplanta.

Acredita que as próteses sejam uma ameaça à própria personalidade? E a pesquisa com células-tronco?

Todos nós carregamos uma prótese, e não creio que elas gerem problemas éticos para alguém. Quanto às células-tronco... Bem, tudo isso está em aberto, é um mundo a se descobrir. Provavelmente, cedo ou tarde, a ciência conseguirá manipulá-las até que acabe gerando problemas morais. Assim, friamente, posso prever um: a supressão do acaso.

O que quero dizer é que a igualdade dos seres humanos depende, entre outras coisas, de que nenhum de nós é um invento ou produto de outro. É claro que temos pais, professores, modelos... Mas nenhum deles é nosso dono, nosso "fabricante". Não somos a "criação" de ninguém.

Porém, uma vez que é possível programar um ser humano para que nasça com características determinadas, acabou-se a igualdade entre os homens. E não porque você seja melhor do que os outros, pois esse "melhor" é difícil de determinar, e sim porque quem o programou tem um conhecimento e um domínio sobre você que não será possível reverter. Aqui se destrói a igualdade e se instaura uma hierarquia entre os seres humanos, entre o fabricante e o fabricado, que rompe a essência do convívio entre humanos.

Nós, seres humanos, somos livres porque não dependemos da vontade de outro homem; somos filhos do caos, nossos pais se apaixonam inesperadamente um pelo outro e produzem um filho, porém não o projetam nem o programam.

Mas, com os testes genéticos, é possível procurar um parceiro não mais por acaso, e sim por compatibilidade; isso não altera o acaso?

Intuitivamente, já buscamos a compatibilidade. Os sentidos humanos estão desenhados para captar a saúde. Achamos atraente a mulher com curvas e nos afastamos do homem esquelético e trêmulo, pois sabemos que pode morrer a qualquer momento, e nos afastamos por motivos genéticos.

De algum modo, nossos sentidos já fazem uma análise do nosso parceiro ou parceira, rudimentar, intuitiva, se quiser, mas bastante eficaz. Tanto os homens quanto as mulheres procuram pessoas saudáveis, cheias de energia, que vivam muito. E se afastam dos velhos, dos doentes, dos que estão com um pé na cova. As pessoas de 20 anos nos agradam mais do que as de 80 porque, no caso dos velhos, notamos que estão mais perto da morte, e essa proximidade não torna ninguém mais atraente. A graça de dar um beliscão na bochecha de um bebê é que a carne é mais flexível; mas qual é a graça de dar um beliscão na bochecha de um velho? Amamos por natureza a expressão mais animal da vida, e, ao contrário, todas as marcas de seu final — as rugas, o enfraquecimento, a morte — nós as aceitamos de má vontade.

Esse tipo de teste genético só vai servir para aperfeiçoar algo que fazemos diariamente, com muita eficiência.

2

QUEST
IMPER
IS

ÕES

ECĪVE

O que é um problema filosófico?

A filosofia discute questões que nos afetam como seres humanos. Se nos perguntassem como podemos reconhecer um problema filosófico, como podemos distinguir uma pergunta especificamente filosófica do resto das perguntas que fazemos no final do dia, uma boa resposta seria dizer que uma pergunta é filosófica quando se refere a um tema que é do interesse de qualquer pessoa.

Todos nós passamos a vida formulando perguntas. Se queremos viajar para a França, faremos perguntas sobre Paris, sobre a comida francesa, os monumentos, os hotéis e os meios de transporte do país; mas, se não vamos para a França, o normal é não sentirmos nenhuma necessidade de perguntar sobre esse país e seus costumes. Se queremos cozinhar um ovo, nos interessará saber a que temperatura a água ferve; mas, se não gostamos de ovos cozidos, podemos prescindir desse dado. Os interesses que não são filosóficos estão diretamente relacionados com coisas que queremos fazer, têm uma utilidade prática, mais ou menos imediata.

Já o peculiar da filosofia é que se interroga pelo que somos como seres humanos, e não só pelo que queremos pontualmente.

Imagine que você quer pegar um trem, ir a um encontro ou ver um programa de televisão às sete. Imagine que você saiu e deixou o relógio em casa. Se você perdeu a noção do tempo, então procura alguém a quem perguntar: "Que horas são?". Quando acabam de lhe dizer que são seis e meia, você desencana, perde o interesse pela hora e passa a pensar em preparar-se para o encontro, ir para a estação ou para casa para ligar a televisão. A hora deixou de lhe interessar porque a pergunta era puramente instrumental, já cumpriu sua função, e assim você pode esquecê-la.

Mas, se em vez de perguntar pela hora eu me pergunto o que é o tempo, já não estou relacionando o meu interesse com algo concreto que quero fazer. E a resposta tampouco irá repercutir na minha vida

Ética urgente!

diária. Seja o que for o tempo, vou continuar comendo, bebendo, passeando, tomando o trem, conversando da mesma forma... Não vai alterar a minha vida, pois a pergunta não tem nada a ver com o que vou fazer, e sim com o que sou.

Quando me pergunto o que é o tempo, o que estou perguntando é o que significa viver no tempo sabendo que o tempo existe, estou perguntando o que significa acordar todas as manhãs, saber que vou morrer. Estou perguntando pelo significado de ser humano.

Um grande filósofo, muito complexo, Hegel, disse numa ocasião que a grande tarefa do homem era pensar a vida. E todos sabemos muitas coisas da vida: sabemos como nos alimentamos, como respiramos, como nos reproduzimos... Mas o que devemos pensar de todos esses processos? O que podemos pensar do fato de a vida passar para nós, de sermos assim, de termos um aparelho digestivo, genitais, pulmões, cérebro? De vivermos no tempo, dentro de uma sociedade, de nos apaixonarmos e convivermos com uma parceira ou parceiro? O que significa? Por que acontece assim? Essas são perguntas que a filosofia faz, e não têm nada a ver com coisas práticas.

Seja qual for a resposta que dermos às perguntas filosóficas, vamos continuar vivendo da mesma forma. Então, qual é o seu propósito?

Cada vez que fazemos uma pergunta filosófica, estamos tratando de averiguar algo mais sobre nós mesmos. Em vez de viver rotineiramente, por imitação, porque não há mais saída, porque nos deram um empurrão e temos de continuar, fazemos o esforço de viver deliberadamente. Em certo sentido, passamos a andar olhando para os pés, não erguemos a vista, e isso é problemático; há riscos, é claro, porque podemos tropeçar. Mas a filosofia não serve para sair das dúvidas, e sim para entrar nelas.

As pessoas que não duvidam nunca são as que nunca filosofam, são pessoas sérias, incapazes de espantar-se. Em compensação, Sócrates, o fundador da filosofia, passava o dia perguntando tolices para as pessoas, como fazem as crianças. Num de seus diálogos mais famosos, Platão põe Sócrates para discutir com Cálicles[11]. O adversário do nosso filósofo é um jovem arrogante, que exibe sua espada e defende

---

11 N.T.: Trata-se do diálogo *Górgias*, nome do filósofo e sofista grego cujas ideias se opunham às de Platão.

O que é um problema filosófico?

que os fortes têm o direito de impor suas leis aos mais fracos, e coisas parecidas. É uma das primeiras vezes que acusam Sócrates de ser um velho que faz perguntas mais próprias de uma criança do que de um cidadão maduro; perguntas que não interessam a ninguém, perguntas do tipo: "Por que as estrelas não caem?". Embora Cálicles pense estar insultando Sócrates, na realidade o que o jovem faz é definir muito acertadamente a atitude filosófica: brincar de fazer perguntas, como as crianças, mas fazê-las completamente a sério, sem outro propósito senão sair o quanto antes da ignorância, pois as pessoas que filosofam são as que estão desejosas e impacientes por abandonar a ignorância.

O senhor disse que as perguntas filosóficas não influem nas ações futuras, mas talvez as respostas que damos a elas, sim.

Em princípio, nada do que você tem de fazer essa semana vai mudar pelo fato de o tempo estar relacionado com o movimento, como pensava Aristóteles, ou com o espaço, conforme defendia Einstein. Até mesmo as pessoas que nunca se interessaram pelo tempo vão continuar vivendo nele sem maiores incômodos. De algum modo, todos nós sabemos o que é o tempo, embora não seja uma tarefa fácil defini-lo com palavras. Santo Agostinho, em suas *Confissões*, escreveu sobre o tempo, afirmando que ele sabia o que era, se não lhe perguntassem a respeito; mas que não sabia, se lhe perguntassem. É uma maneira elaborada de dizer que, quando você tem de cumprir um horário, saber a hora tem uma utilidade concreta, e perguntar pela natureza do tempo, não. O mesmo acontece quando você se interroga sobre a beleza, a verdade, a justiça, a natureza ou a bondade... com qualquer pergunta filosófica.

São perguntas que nos transformam ao nos tornarem mais conscientes do que implica ser humano. E que benefícios nos traz saber mais sobre nossa natureza? É que nós, homens, não nos conformamos com ser, também sentimos o impulso de querer saber o que somos.

A felicidade

O humorista Jardiel Poncela dizia: "Se quiser ser feliz como me diz, não analise". E, em certo sentido, ele tem toda a razão. Por outro lado, numa ocasião perguntaram a Bertrand Russell, um dos filósofos que mais admiro: "Se fosse possível escolher entre saber mais e ser feliz, o que preferiria?". E Russell respondeu: "É estranho, mas preferiria continuar aprendendo".

O tipo de pensamento que se elabora na reflexão ética, aquele que não está relacionado com uma ação concreta, pode provocar uma vertigem temível; mas, se não existisse, valeria a pena viver? Quem dentre nós, para evitar o sofrimento, aceitaria viver anestesiado?

Na verdade, nós relacionamos a felicidade com o transcurso ou o resultado de alguma atividade nossa. E ainda que, em muitas ocasiões, agir nos cause problemas e desgostos, no fundo parece que compensa, porque não queremos abandonar o jogo. Não queremos deixar de viver nem de fazer, ainda que possa nos causar dor. Às vezes, é claro, damos um passo atrás, mas ninguém quer renunciar de todo à liberdade de agir e de fazer perguntas.

Então, para sermos felizes, temos de viver experiências más; se fôssemos constantemente felizes, não distinguiríamos a felicidade.

Ser constantemente feliz implicaria viver num estado de felicidade completa que, diga-se de passagem, ninguém jamais poderia tirar de você. Pois, por melhor que esteja, se você souber que esse estado pode acabar, já não será feliz sem solavancos. Por isso, os humanos não podem ser completamente felizes, pois todas as coisas que experimentam passam, inclusive sua própria vida. O que é próprio do ser humano, sua maior aspiração, talvez não seja a felicidade, e sim conservar a alegria.

Quem diz que ama a vida deve fazê-lo com todas as consequências.

O que não podemos dizer é: "Eu amo a vida, por favor, me tirem a parte má". Não significa que estejamos dispensados de lutar contra os males, mas sim que temos de amar o mundo apesar de tudo isso. Tampouco tem muito sentido dizer: "Até que tudo no mundo esteja consertado, não vou amar a vida", pois com certeza não haverá tempo para você ver todos os males solucionados. Devemos lutar contra o que não gostamos da vida, mas sem adiar o amor que podemos sentir por ela. Apesar de todos os aspectos negativos, sempre é melhor participar da vida do que não estar no mundo.

Além do mais, as coisas más da vida nos oferecem um contraste que intensifica e melhora o sabor das boas. Só quem está doente repara no bem que é estar são; ninguém sabe melhor da importância de um dedo do que aquele que tem um quebrado. A vantagem de ser velho é ter conhecido coisas muito boas e também o seu reverso. Se nos faltasse esse contraste, nos faltaria a experiência. Graças à maturidade e à experiência de vida, aprendemos o valor de cada coisa. O mesmo acontece com a alegria e a felicidade.

Quer dizer, somos felizes porque nos arriscamos.

Creio que sim; de certa maneira, é como se disséssemos: "Já que a morte está aí, vamos dançar na frente dela". Se não soubéssemos que tudo é breve e fugaz, que tudo é perigoso, que graça teriam as decisões? Não que tenhamos alguma escolha; não podemos imaginar uma vida diferente da que temos, uma vida sem morte, mas sabemos que a morte é que dá o sal à vida, seu sabor especial.

Então, a felicidade absoluta é impossível; sempre vamos pedir mais.

Os ideais humanos se parecem com horizontes. Ninguém pode alcançar o horizonte, mas podemos andar em sua direção, e vale a pena encaminhar-se para lá, pois só assim avançamos como pessoas, como sociedade e como espécie. É muito fácil contentar um escravo que está preso a suas correntes e quase não come; mas, quando estiver livre dos grilhões, sua satisfação e bem-estar estarão num nível mais alto. Nós, humanos, vamos nos tornando mais exigentes em relação às liberdades, porque sempre vamos conhecendo mais coisas e, por isso,

A felicidade

não conseguimos ficar plenamente satisfeitos; enquanto estivermos vivos, sempre iremos exigir melhorias.

O problema é que a felicidade é só uma palavra. É preciso imaginar um conteúdo. Gostaria de saber se, desde que você escreveu Ética para Amador, *esse conteúdo variou.*

A palavra felicidade é por demais ambiciosa. A autêntica felicidade exigiria ser invulnerável, exigiria que o futuro não pudesse afetá-lo. Por melhor que você esteja agora, se souber que dentro de uma hora irão lhe cortar a cabeça, já não poderá ser feliz: a angústia pela perda quase imediata de sua situação não permitiria.

A felicidade é um estado desmesurado para uma criatura mortal. O que os seres humanos buscam é alguma forma de satisfação. Satisfação fisiológica, é óbvio, mas também em outros níveis: cultural, afetivo... As satisfações têm data de vencimento, é claro, mas são um objetivo vital mais modesto, mais realista do que a felicidade.

É verdade que, à medida que aumenta nosso nível de vida, ficamos mais exigentes e passamos a buscar mais e melhores satisfações. Um pobre que vive em alguma zona do centro da África provavelmente já se sentiria satisfeito se lhe dessem um pedaço de pão e espantassem a mosca que o incomoda. Nós vivemos numa sociedade sofisticadíssima, com oportunidades de lazer e entretenimento muito variadas, de modo que é cada vez mais difícil sentir-se satisfeito.

Para ilustrar essa dinâmica, um filósofo alemão apresentava a teoria da princesa e da ervilha[12]: a princesa dormia sobre 11 colchões para sentir-se mais confortável, mas bastava uma ervilha debaixo do último colchão para que seu desconforto se tornasse insuportável e ela não pregasse o olho durante a noite inteira.

Com as melhorias no conforto, todos nós vamos nos tornando essa princesa. Na medida em que diminuem os incômodos, o menor inconveniente se torna insuportável. Pode-se comprovar isso no

12 N.E.: Trata-se, na verdade, de um conto do escritor dinamarquês Hans Christian Andersen, publicado em 1837. A história provém da tradição oral, pois também foi recolhida pelos irmãos Grimm e publicada por eles em 1843. No enredo do conto, a ervilha é colocada sob os colchões por uma rainha para saber se a moça que dormirá sobre eles é verdadeiramente uma princesa, digna de casar com seu filho.

aeroporto. Nossa civilização alcançou um nível tecnológico que nos permite viajar da Europa para os Estados Unidos em sete horas. Em qualquer outra época, isso seria um sonho, algo impensável. Agora, basta você sofrer meia hora de atraso para armar um escândalo e reclamar com as autoridades competentes. Meia hora de atraso é suficiente para você chegar em casa e dizer: "Foi demais, fiquei meia hora retido no aeroporto".

No momento em que o povo começa a viver melhor, e na medida em que se perde a capacidade de resistir a incômodos e complicações, há pessoas que se imaginam vivendo num mundo insuportável. São pessoas que lhe perguntam: "Você acha que é possível ter alguma alegria neste mundo?". E o fato é que dá vontade de responder que elas vivem no melhor dos mundos conhecidos, que não há outro lugar, nem com certeza outra época, em que se tenha vivido melhor. É curioso como uma situação de evidente privilégio, com todos os defeitos e carências que se queiram, gera tantas sensações de inquietação e desassossego, mas, é claro, só podemos avaliar a realidade comparativamente, e muitos cidadãos só podem avaliar a vida do Ocidente.

O dinheiro traz felicidade?

A verdade é que se poderia ampliar o conceito de riqueza. Ainda hoje, nossa ideia de riqueza é crematística, vinculada exclusivamente ao dinheiro. E o dinheiro, como dizia Schopenhauer, é uma felicidade abstrata. É uma promessa de felicidade enquanto você o tiver no bolso, já que pode transformá-lo em centenas de coisas distintas: encher a cara, ir jantar, comprar um carro ou a *Enciclopédia Britânica*, o que quer que seja. Mas essa felicidade abstrata começa a dar problemas quando você pretende concretizá-la, pois qualquer gasto ou atividade tem muitas limitações, dificuldades... e pode ser que não reverta em satisfação, e sim em dor de cabeça.

Talvez devêssemos nos acostumar com formas concretas de felicidade mais sociáveis. Por exemplo, a mãe que está cuidando de seu bebê está experimentando uma forma concreta de satisfação, de alegria. E o mesmo ocorre quando estamos em companhia de pessoas das quais gostamos, com quem nos divertimos, porque nos contam coisas interessantes ou nos fazem rir.

A felicidade

Além disso, se felicidade fosse ter vinte milhões no banco, a essa altura da vida e da sociedade, já saberíamos. Mas o que todos nós sabemos é que não é bem assim, que a alegria vem das coisas concretas, e não das abstratas. Não devemos ser demagogos, é claro: se você não tem dinheiro, o seu dia e a sua vida podem ser bem amargos. Mas temos ao nosso alcance uma série de possibilidades de satisfação que não dependem de se ter muito ou muitíssimo dinheiro na conta-corrente. Dependem de circunstâncias, às vezes fortuitas, às vezes obtidas com esforço, conquistas afetivas e intelectuais que melhoram nossa qualidade de vida. Muitas vezes, penso que a diferença essencial entre uma pessoa culta, ou cultivada, e uma pessoa inculta é que, quanto menos ela sabe, mais tem de gastar para se divertir. Você pode ver isso nas férias: as pessoas menos cultas precisam de mais dinheiro porque quando você não sabe quase nada é como se fosse aqueles países que têm de importar todas as matérias-primas porque não produzem nada. Ao passo que as pessoas cultivadas podem fazer passeios proveitosos, conversar, visitar museus, misturar recordações, de modo que vão produzindo, com seus próprios recursos, momentos agradáveis que lhes saem praticamente de graça.

A liberdade e a autenticidade

O sonho de uma autenticidade que não esteja condicionada por nada, que alguém pode ir construindo ao longo do tempo, é um projeto emocionante, muito sedutor, porém impossível de conseguir. A própria vida não pode ser governada de maneira espontânea. O erro é acreditar que partimos de uma espontaneidade natural e em seguida vamos perdendo-a, quando ocorre o contrário: a espontaneidade é uma conquista posterior, algo que você alcança quando construiu uma personalidade.

Os psicólogos nos asseguram que, quando se deixa uma pessoa normal inteiramente livre para fazer o que bem entender, a primeira coisa que ela fará será imitar os outros. A ideia de que as pessoas imitam por obrigação, coagidas pela educação ou pela sociedade, é uma ingenuidade. Toda pessoa quer é imitar, e a principal escolha que o indivíduo tem é escolher seu modelo. É assim que alguns imitam o vencedor, o jogador de futebol, a modelo... Os médicos, um bom médico; os escritores, um bom escritor... Parece impossível existir alguém que não se sinta tentado a imitar alguém.

Além disso, de certa maneira a imitação de um modelo é quase uma exigência social, para poder se preservar. Um indivíduo que não quisesse imitar ninguém seria ineducável, e seria impossível viver numa cidade onde a cada um ocorressem coisas diferentes diariamente, onde todo dia quiséssemos uma coisa diferente. Não haveria metrô, restaurantes, serviços de limpeza nem programas de televisão ou de rádio. Seria algo ingovernável.

Mas, se a sociedade me diz o que tenho de fazer, nunca serei livre?

Não devemos cair no erro de confundir liberdade com onipotência. O ser humano é livre para decidir, mas não pode fazer o que quer; nossa liberdade não vem acompanhada da faculdade de conseguir que tudo o que desejamos se cumpra. Ser livre significa que tenho a possibilidade de escolher entre distintas possibilidades, de decidir o que pretendo fazer em meio à gama de atividades próprias dos seres humanos. Sou livre para decidir tentar escalar o Everest, mas em razão de meu estado físico, o mais provável é que eu, logo depois dos primeiros passos, já tenha caído. Essa incapacidade manifesta não diminui em nada a minha liberdade.

O problema é que nem sequer podemos escolher o que queremos. Depende das circunstâncias.

Isso é verdade. O problema da liberdade é que nos vemos premidos a escolher em circunstâncias que não escolhemos. Circunstâncias que nos são dadas pela cultura do país onde nascemos, pelo nível econômico e social de nossa família, pela época... Nenhum de nós escolheu partir de onde partimos, mas, se tivermos consciência do conjunto das circunstâncias que nos rodeiam, poderemos escolher. Poderemos, inclusive, agir para mudar alguns dos condicionantes. E também é verdade que algumas decisões influem nas seguintes: se optamos por ir jantar num restaurante chinês, somos livres para pedir os pratos que queremos, desde que estejam no cardápio. Ali o que não podemos é pedir uma *paella*. O menu é imposto, e a escolha está limitada por uma decisão prévia (e livre) de sentar-se para jantar num restaurante chinês.

Gostaria de lhe perguntar a respeito da relação entre o indivíduo e a sociedade. O que podem trazer um ao outro, mutuamente?

O indivíduo é produto da sociedade; mais concretamente, é a sociedade urbana que produz indivíduos. As tribos amazônicas, por exemplo, são menos individualistas que as sociedades industrializadas. Nas tribos, todos têm de repetir uma série de rituais, todos desempenham papéis que já estão escritos: o curandeiro, o sapateiro[13], as mulheres... Lá não há vidas "diferentes", "originais", não se tem uma noção de indivíduo. A ideia de um tipo que vai se diferenciando do

13 N.T.: No original, *zapatero*, embora não se tenha notícia desse profissional entre as tribos amazônicas.

80

A liberdade e a autenticidade

resto é relativamente moderna. Inclusive na Grécia, o indivíduo que se sentia demasiadamente superior, original ou distinto dos demais era condenado ao ostracismo, uma prática um pouco cruel. Todos os cidadãos atenienses usavam conchas de ostras para votar, uma ostra por pessoa, e havia ostras brancas e pretas; se o homem perdesse a votação, era expulso da *pólis*, por considerarem que ele havia escolhido um caminho muito particular para uma sociedade que dava grande valor à manutenção de semelhanças que garantissem que todos os cidadãos tivessem algo em comum.

São as sociedades que vão favorecendo o desenvolvimento da individualidade. Uma coisa curiosa sobre os filmes rodados na década de 1940 é que todos os homens parecem se vestir de maneira igual. As mulheres costumavam se vestir mais variadamente (embora não tanto como hoje), mas os varões, há cerca de sessenta anos, pareciam andar de uniforme. Havia quatro peças de vestuário e duas cores para combinar, e é assim que todo mundo andava vestido. Hoje temos uma variedade de indumentárias muitíssimo maior. Na medida em que as sociedades se tornaram mais complexas, diversificaram-se as tarefas e os papéis, e agora é mais fácil nos diferenciarmos dos demais. Hoje em dia, existem grupos sociais que podem ser reconhecidos pelo que vestem, e pessoas que procuram definir e destacar sua personalidade pelas peças que escolhem, pelo corte ou pelas cores. E a roupa é apenas um exemplo das possibilidades que temos hoje de nos singularizarmos.

A sociedade aposta no desenvolvimento de individualidades porque acredita que assim terminará melhorando o conjunto. Os indivíduos ajudam a sociedade trazendo coisas que beneficiam o resto. Fico contente que Mozart tenha sido uma pessoa tão diferente, e que a sociedade, em vez de condená-lo ao ostracismo, ou reprimir sua personalidade singular, tenha favorecido o desenvolvimento de seu talento, pois assim ele pôde escrever músicas com as quais nos beneficiamos até hoje.

Hoje em dia, com o que os indivíduos que formam o resto da sociedade podem contribuir para incentivar ou enriquecer a minha vida?

Para começar, a sua humanidade. Todas as coisas que lhe permitem viver como ser humano você as recebe dos outros, pois você é um ser simbólico, uma criatura que pensa com palavras, que fala, que, para

Ética urgente!

se comunicar, emprega uma linguagem e um idioma que não foram inventados por você; de maneira que a sua mente pertence à sociedade, é a própria sociedade interiorizada.

A sociedade também lhe oferece reconhecimento. Por que queremos dinheiro? Em primeiro lugar, porque imitamos o desejo de ter dinheiro dos demais e, em segundo, para conseguir coisas que estão na sociedade e poder ter influência sobre outras pessoas. Se amanhã lhe disserem que vão bani-lo para uma ilha deserta e lhe perguntarem o que quer levar, você responderia: comida, bebida, uns livros, a Catherine Zeta-Jones, algumas coisas úteis... Mas certamente não lhe passa pela cabeça levar dinheiro, nem sequer um milhão. Mesmo algo que desejamos tanto, como o dinheiro, só o desejamos na medida em que podemos usá-lo na sociedade. E o dinheiro é a coisa mais social que podemos imaginar, pois fora da sociedade não serve para absolutamente nada, não tem nenhum interesse.

De alguma maneira, todos nós estamos sempre procurando reconhecimento e companhia. Quem é que gostaria de viver cercado de carros maravilhosos sem ninguém ao redor? O mito do rei Midas trata exatamente disso. Era um homem tão ambicioso que só desejava ouro e, quando seu desejo se transformou em realidade, ficou preso na armadilha de sua própria ambição. Como tudo o que tocava se convertia em ouro, depois de um tempo Midas tinha mais ouro do que nunca, mas não havia pessoa que permanecesse ao seu lado sem se converter em metal. O que o mito conta não é real, não é um relato histórico, mas é fidedigno. Acreditamos que podemos passar sem os outros, gostamos de nos sentir independentes, mas tudo o que nossos desejos contêm, todas as aspirações que fazem a vida valer a pena — poder, beleza, dinheiro —, nós queremos para poder exercer influência sobre os outros, causar-lhes impacto. Se suprimem de você as demais pessoas, com o tempo, será indiferente ser feio e pobre. A única coisa que pode importar a você, independentemente de haver outros por perto ou não, é a doença. Qualquer outra o coloca em relação com seus vizinhos e seus concidadãos.

O que me parece é que não vivemos a nossa vida, parece que ela é incutida de fora.

A liberdade e a autenticidade

É que a distinção não é clara. Ninguém se alimenta apenas das ideias que seu cérebro produz; nossa mente está povoada de ideias alheias, que vêm da família, dos amigos, dos escritores, das pessoas que falam no rádio e na televisão, dos rivais... Sua cabeça está cheia de coisas que não provêm de você mesmo, mas que você torna suas porque o cérebro é uma espécie de mapa do mundo em construção: contém tudo o que já vimos, as palavras escritas ou pronunciadas pelos outros, as sensações, as impressões... O mundo entra em nós em torrentes, e depois temos de organizá-lo num sentido ou no outro; mas nossa mente é formada por materiais que absorvemos do exterior.

Por outro lado, não pense que sermos nós mesmos seja tão benéfico para nossa liberdade como parece. Se estamos forçados a algo, é sermos nós mesmos e, portanto, estamos inclinados a desejar de acordo com o que somos. Schopenhauer preocupou-se com esse problema: somos livres para desejar o que quisermos, sim, mas sempre a partir de um caráter e de uma personalidade que não escolhemos: os nossos. Não podemos escolher ser outra pessoa distinta da que somos; isso nos é dado, imposto. É só partindo dessa liberdade limitada que podemos agir livremente.

Mas ninguém escolhe escolher.

Já disse Jean-Paul Sartre: "O homem está condenado à liberdade". Não pode renunciar a ela.

Os animais não se veem diante desse problema porque não são livres. Agora se comemora o quinquagésimo aniversário da morte do humorista galego Julio Camba, que tem um livro maravilhoso sobre cozinha, intitulado *A casa de Lúculo*, no qual o autor explica, entre outras coisas, a história do longueirão, um crustáceo das praias da Galícia. O longueirão vive dentro de um buraco na areia; quando a maré sobe, a água entra no buraco e então o longueirão sai. Quando a maré baixa e a areia seca, o longueirão permanece dentro de seu buraco e de lá não sai. Para capturá-lo, os pescadores procuram os buracos e jogam água, para que os bichos saiam. Camba nos conta como ele se entretinha enganando os longueirões, jogando água nos buracos para que saíssem e voltassem a entrar. Tanto atanazou os bichos que eles acabaram se confundindo, como se fossem humanos. Pois isso é próprio dos humanos — entrar e sair continuamente, e não de maneira automática, e sim quando queremos ou nos parece conveniente. Por isso nos enganamos com muito mais frequência do que os animais, porque somos livres para expor a cabeça à vontade.

A liberdade pessoal deve estar condicionada aos interesses da sociedade?

Sim, e é lógico que seja assim. Uma coisa é estarmos dispostos a respeitar as diferentes escolhas que cada um faz dentro de suas margens de decisão. Mas, por outro lado, quer queira ou não, para viver numa sociedade que funcione, há muitos aspectos que não podem estar sujeitos à originalidade de cada um, ao que aprouver a cada um nesse ou naquele momento.

Estamos acostumados a associar a originalidade e o espontâneo às pessoas positivas e criadoras; isso é assim, mas até certo ponto. Para comprová-lo, basta pensar em alguém que nos dissesse: "Olhe, a minha espontaneidade me leva a querer violentar meninas de 5 anos sempre que as vejo. Como isso não acontece com você, sua intenção é me mandar prender antes que eu parta para a ação, mas isso é porque você não é tão original como eu; meu desejo por meninas de 5 anos é algo que brota espontaneamente do meu caráter, assim como a sua atração por mulheres adultas". Há momentos em que a originalidade deixa de ser um fator de criação e enriquecimento para se transformar num germe nocivo para a sociedade.

Em alguns países nórdicos, têm proliferado grupos cujo conceito de religião é bastante surpreendente. Alguns adoram não pagar impostos, outros têm como dogma nunca pagar um euro sequer pelas coisas que baixam da internet. Registraram essas crenças e asseguram que, se nos opusermos a elas, estaremos ofendendo sua "original" liberdade religiosa. Em casos assim, há que se erradicar a tolerância para com a "espontaneidade".

Acho que todos devemos estar dispostos a ser tolerantes naqueles campos em que a escolha é lícita. Você é vegetariano, não quer comer carne; bem, é uma opção perfeitamente lícita. Se lhe derem conselhos nutricionais, você poderá ouvi-los ou não, mas não vejo nenhum problema nisso. Agora, por mais que goste de comer carne, você não tem a liberdade de se empanturrar de carne humana, nem

A liberdade e a autenticidade

sequer um pedacinho.

Uma sociedade funciona quando se permite que cada indivíduo seja ele mesmo e que desenvolva sua personalidade, desde que ele cumpra aquilo que todos devemos cumprir para que a sociedade não entre em colapso. Tudo bem ser ele mesmo, desde que assuma o conjunto de deveres e responsabilidades que cabe a todos nós, quer gostemos ou não. Sobre essa base compartilhada por todos os cidadãos, cada um pode ir construindo uma personalidade particular.

A liberdade nos faz mais felizes?

Na *Ética para Amador* citei uma passagem de Manuel Azaña[14] que vem ao caso. Quando lhe perguntaram a mesma coisa que você, se a liberdade torna os homens mais felizes, ele respondeu: "Sei que os torna mais homens". Não é que ser livres nos faça mais felizes, é que nós nos tornamos mais humanos.

Em certos filmes, vemos um soldado cometer uma atrocidade, inclusive durante o combate, e depois vemos que ele se sente menos humano. Um homem que age de maneira selvagem perde sua essência?

Bem, nós não temos outro remédio senão ser humanos. Somos humanos como os gerânios são gerânios, é claro. Mas quando dizemos que alguém é humano não nos referimos apenas ao fato de pertencer a uma espécie natural; também estamos nos referindo a um ideal, a algo que nos propomos como meta. E esse ideal consiste em que o resto dos humanos nos reconheça como membros do grupo. Em *Macbeth*, Shakespeare imagina uma cena em que Lady Macbeth está procurando convencer seu marido a subir ao andar de cima, onde se encontra o rei Duncan, seu hóspede, que dorme placidamente. Lady Macbeth lhe diz que é chegado o momento que esperavam, que suba e que o mate, pois assim o proclamarão rei, e a ela, rainha. E Macbeth lhe responde que Duncan não é apenas o seu rei, é também um ancião que confiou nele e agora dorme sob seu teto e proteção. Macbeth não sabe se será

---

14 N.T.: Manuel Azaña Díaz (1880-1940), intelectual, escritor e político espanhol, foi por duas vezes presidente do governo republicano da Espanha (1931-1933 e 1936-1939).

Ética urgente!

capaz de cravar-lhe o punhal; tem medo de que, naquele momento de verdade, o velho abra os olhos e o encare; tem medo de que as duas humanidades acabem confrontadas no momento do assassinato. Lady Macbeth o censura, pois um soldado como ele, que participou de tantas guerras e matou tantas pessoas, não deve ter medo de um ancião indefeso que dorme numa cama. E Macbeth lhe responde algo muito sagaz: "Eu me atrevo ao que se atreve um homem; quem se atreve a mais já não será um homem". Essa é a ideia; existe um limite que não nos atrevemos a ultrapassar por medo de sairmos da humanidade, por medo de cruzar o limite além do qual já não seríamos reconhecidos como parte do coletivo. *Macbeth* conta a história de uma pessoa que, impelida pela ambição, acaba saindo do humano e se convertendo, por suas obras, em inimiga de si mesma. Esse é o perigo.

Sobre a beleza

A beleza é um dom, evidentemente, e é um dom que todos podemos admirar, pois as pessoas, os objetos e as paisagens bonitas embelezam o mundo, e têm algo de ideal, de inalcançável. Por isso, um grande poeta francês dizia: "A beleza é o que nos desespera"[15].

Mas é verdade que, de uns tempos para cá, a beleza se transformou numa espécie de obrigação. E, ademais, trata-se de uma beleza ditada por um cânone determinado, de maneira que já não é algo que enriquece o mundo, mas sim que o empobrece. Criam-se pressões para alcançá-lo, o que provoca situações como a anorexia e a exclusão de grupos de idade avançada ou de pessoas com determinada aparência; indivíduos talentosos ou com méritos de outras ordens podem passar a vida sofrendo, porque seu rosto e seu corpo não se enquadram no cânone. O monstruoso não é o que permanece fora da categoria de beleza, e sim a própria ideia de beleza como uma imposição externa que pode converter-se em tortura.

O medo de envelhecer e de perder a saúde e a beleza não é novo; sempre houve, e há centenas de relatos e de romances sobre o assunto. O que parece um fenômeno novo é que em nossa época não existe um modelo positivo para as pessoas idosas. Os velhos têm de fingir que são novos porque, em nossa sociedade, quem não é jovem está doente. A juventude, por razões sociológicas, de consumo etc., converteu-se na totalidade da vida; se você não quer ser excluído, deve fingir que é jovem até o túmulo.

Uma atitude assim tem seus perigos. Não é pelo fato de nos tornarmos todos velhos, se tivermos a sorte de viver o suficiente, e sim que,

---

15 N.T.: A frase citada pode ser a de Paul Valéry: "A definição do Belo é fácil: é o que desespera" ("Lettre sur Mallarmé", em *Variété II*, 1930). Mas Albert Camus também menciona o mesmo conceito, inspirado, talvez, em Valéry: "É que a beleza é insuportável. Ela nos desespera, eternidade de um minuto que gostaríamos, entretanto, de estender ao longo do tempo" (*Carnets I*, 1935).

como dizia Voltaire: "Quem não tem as virtudes de sua idade, terá de carregar apenas os seus defeitos"[16]. Todas as épocas, a juventude, a maturidade, a velhice, têm algum tipo de virtude que só ocorre nesse momento. Se não desfrutarmos delas, então arrastaremos os defeitos comuns ao resto das idades.

16 N.T.: Provavelmente o autor se refira aos versos de Voltaire dedicados à marquesa de Châtelet: "Qui n'a pas l'esprit de son âge, / De son âge a tout le malheur." ("Lettre à Cideville", 11 de julho de 1741). A tradução literal do original francês é: "Quem não tem o espírito de sua idade, / De sua idade tem toda a infelicidade".

Religião, Deus e morte

Filósofos muito refinados, como Spinoza, falam do amor de Deus, mas há que se entender a expressão como uma aceitação do Universo tal como é. Existe um amor para com a totalidade das coisas existentes que equivale a uma afirmação, equivale a dizer "sim" ao que existe, a renunciar ao perpétuo antagonismo com o que aí está, ainda que depois continuemos lutando para reformar os aspectos que mais nos desagradam.

O amor que conhecemos é aquele que sentimos por outros seres humanos e por alguns seres vivos. É um amor marcado pela preocupação de conservar a pessoa que queremos, que ela não nos deixe, que não desapareça. O amor é querer que alguém continue existindo, e por isso você não pode amar um ser indestrutível. De maneira que, num sentido literal, não entendo a expressão "amor a Deus". Deus é exatamente a nossa ideia do eterno — não pode ir embora, nem podemos perdê-lo. Por isso, você não pode amá-lo, como não pode amar o Everest. Ele pode agradá-lo, mas é absurdo amá-lo, pois vai continuar ali quando você já tiver morrido.

Tudo que conhecemos sobre a morte nós aprendemos observando a ausência dos demais. Nossa própria morte pessoal é impensável e nos escapa. Freud escreveu que, apesar de dizermos que vamos morrer, no fundo ninguém acredita. Mas a morte dos outros é muito crível e real, porque a experimentamos. De maneira que a morte é uma espécie de reverso da vida em geral, e refletir sobre ela ajuda a entender nossa condição e o amor que sentimos pela vida.

E sobre Deus, o que o senhor pensa?

Nunca entendi muito bem o que é, tenho pouca familiaridade com Deus. Ouço as coisas que as pessoas dizem sobre Deus, falam como se o conhecessem pessoalmente, mas eu não entendo o que é. E nem sequer posso lhe dizer que Deus não existe, pois não sei o que isso significaria. Conheço histórias, lendas, mas tudo me parece um pouco etéreo. A tribo africana dos massais utiliza a mesma palavra para dizer "Deus" e "não sei"; pois comigo acontece o mesmo; para tudo o que diz respeito a Deus, sou um pouco massai.

O senhor disse que não entende como se pode amar a Deus porque não pode amar algo que nunca vai se acabar. Mas eu creio que as pessoas amam a Deus exatamente porque sabem que são elas é que vão morrer.

Então, trata-se de um amor interesseiro. Há que se ter amigos em todos os lugares. Houve uma época em que eu estava envolvido com temas de terrorismo, vivia ameaçado e sob escolta... Um dia saí pelas ruas de Madri e uma senhora aproximou-se de mim e me disse: "Sei que você não é crente, mas rezo muito por você". E eu lhe respondi: "Senhora, continue a rezar por mim, porque não creio em Deus, mas, como todo bom espanhol, acredito nas recomendações; assim, se for o caso, continue me recomendando".

As religiões estão acima da moralidade? Devemos aceitar que uma religião como a muçulmana deprecie as mulheres por respeito a certas crenças culturais que não são as nossas?

A moral e a religião são coisas distintas. O problema é que vivemos durante anos com a ideia de que a moral está condicionada à religião, como pretendem os padres. Mas o certo é que, desde o bispo até o pároco, todos eles falam de religião, um assunto respeitável para quem acredita, mas só para quem acredita. Ao passo que a moral autêntica é algo que vale para crentes e para não crentes, e apela para a capacidade de raciocínio de qualquer pessoa do mundo.

Na *Ética para Amador*, assinalei uma diferença básica entre religião e moral que continua válida: a moral persegue uma vida melhor, e a religião busca algo melhor do que a vida. São objetivos bastante diferentes.

Para mim, portar-se bem para que depois alguém lhe dê um prêmio não me parece uma atitude muito moral. Imagine um menino que caiu num rio e está se afogando e você se joga na água para salvá-lo;

Religião, Deus e morte

esse ato não teria o mesmo valor moral se você procurasse salvar o menino sabendo que o pai dele é um milionário que irá recompensá--lo generosamente. Saltar na água apenas para salvar uma vida não é o mesmo que fazê-lo por dinheiro. Com a religião acontece algo parecido; o suborno do céu será santo, mas é um suborno. E isto é o que propõem as religiões: um pagamento por bom comportamento.

As religiões, não sendo obrigatórias, são um direito privado de cada cidadão, mas não podem pretender se constituir num dever para ninguém, e menos ainda para toda a sociedade.

Deve-se defendê-las como direito individual, desde que não prejudiquem ninguém. Parece-me correto que, se uma mulher acredita que não pode dirigir um carro porque é pecado, não o dirija, mas, que alguém a obrigue a não dirigir porque acredita ser pecado, isso já não se pode permitir.

Então, o senhor considera que algumas normas culturais podem ser valoradas, julgadas e rechaçadas?

A ideia de que as culturas não podem ser julgadas é um acontecimento pós-moderno. Uma cultura na qual podem conviver diversas opções religiosas, sem exclusões nem perseguições, é melhor, objetivamente, do que outra na qual só pode haver uma religião e os demais cultos são proibidos e perseguidos. Uma cultura em que homens e mulheres, seja de que raça for, têm os mesmos direitos, as mesmas oportunidades de trabalho e de atuação política, e são tratados igualmente, é melhor do que uma cultura em que só os homens mandam, ou em que haja discriminação de cor.

Essa ideia de que cada cultura tem seu próprio valor, de que não pode ser julgada, é uma falácia do contexto, ou seja, a falsa ideia de que toda opinião e norma cultural deve ser posta dentro de um contexto no qual adquire valor, de maneira que nada é verdade ou mentira, nem pode ser julgado fora de seu próprio contexto. Eu defendo a existência de um contexto geral, o contexto da razão humana. A razão humana é a que tenta estabelecer um código de direitos universais, de maneira que ela possa julgar todos os contextos particulares. Todos somos dotados de razão, e não é a razão de um contra o outro, e sim a mesma razão para todas as culturas: a razão humana.

Os direitos dos animais

Só pessoas podem ter direitos, pois direito é algo que nós, humanos, nos concedemos. Um animal poderá ter todos os direitos que possamos imaginar, mas somente se os homens os concederem, por consenso.

A ideia de direito supõe a de dever. Aqueles a quem são concedidos direitos, deles se exigem, em troca, deveres. De maneira que os animais, por sua própria natureza, ficam fora da esfera dos direitos, porque não podem cumprir os deveres deliberadamente. Não se pode defender que uma galinha tenha o dever de pôr ovos em troca de seus direitos. A maioria dos animais é utilizada segundo nossas necessidades; durante séculos, nós os especializamos a tal ponto que não é um disparate dizer que são animais "inventados". A vaca não tem direito nem obrigação de dar leite; dá, e ponto. O jogo entre direitos e deveres está baseado na liberdade humana e, portanto, não se aplica aos animais, já que esses não dispõem da capacidade de escolha sobre sua atividade, da qual nos utilizamos ou nos defendemos.

O trato com os animais deveria ser regido por um conceito distinto do de direito. Pois é verdade que podemos tratá-los da melhor ou da pior maneira. Esse trato poderia se basear nas relações afetivas que se estabelecem com eles. Sabemos que são seres vivos e que podem sentir dor. E, embora os neurologistas digam que os animais não sentem dor como nós, há indícios suficientes para acreditar que um cachorro também sente dor quando leva um chute. Estabelecemos laços de empatia com eles, e nos desagrada vê-los sofrer. Portanto, devemos ter atenção para com os animais.

Mas essa atenção, essa empatia, não surge do direito, e sim de uma preferência ou de uma simpatia pessoais. Por exemplo, você está passando em frente a uma árvore e vê um passarinho que acabou de cair ao chão, e é incapaz de voar; você, sendo a pessoa compassiva que é, pega a ave do chão e a devolve ao ninho, antes que seja devorada por uma cobra. Todo mundo irá dizer que você é um rapaz de bom coração,

Ética urgente!

mesmo que tenha deixado a pobre da serpente sem almoço. Diante do passarinho você não tem nenhuma obrigação moral, nenhum dever de ajudá-lo; se você o salva é porque sua sensibilidade considera os passarinhos mais simpáticos do que as serpentes. Mas, se você está passando diante da árvore e ouve o choro de uma criança caída ou abandonada, você tem a obrigação de ajudá-la, o dever moral. E, se você passa direto e não socorre a criança, poderá ser responsabilizado judicialmente. Não se trata de uma preferência sentimental, e sim de um dever objetivo.

Mas então somos nós que dizemos quem tem direitos.

Claro. A ética é igual à linguagem, uma criação humana. É como se você me dissesse que só existem pentes para os humanos, uma pequena discriminação. Mas o caso é que os animais não se penteiam, eles se coçam, de modo que não precisam de pentes. Suas necessidades são distintas. Como não desenvolveram uma linguagem que os acompanhe na deliberação moral, não são livres. E por isso não podemos pedir-lhes responsabilidades. Eles fazem o que sabem, cumprem aquilo para o que estão programados. A você pode parecer que o tigre seja cruel, mas é uma interpretação humana; o tigre se comporta como um tigre, como pode ser cruel o pobre animal?

Em Balares, fui uma vez a uma exposição de herpetologia, de serpentes. Lá havia um píton imenso, e o alimentavam duas vezes por dia, jogando-lhe ratinhos vivos. Quando a Associação Protetora dos Animais ficou sabendo disso, pôs a boca no trombone e protestou contra a crueldade dos responsáveis pela exposição. Acontece que o píton só come animais vivos; se lhe dessem animais mortos, iriam matá-lo de fome. As pessoas da associação acabaram cedendo, até porque o píton tem cara de mau e o ratinho parece tão indefeso... Mas, em estado selvagem, essas distinções são absurdas; nem a serpente é má nem o ratinho é bom, não há piedade nem crueldade; na natureza não existem comportamentos morais, nem se pode ser imoral. Somos nós, humanos, que podemos pensar, deliberar e agir. Por isso inventamos a moral, a piedade e a crueldade, os direitos e os deveres, para nos orientarmos no labirinto das decisões. De maneira que somos os únicos a poder atribuir esses valores.

Os direitos dos animais

Que opinião o senhor tem das touradas? Está de acordo com sua proibição?

Para responder a isso, tenho que fazer um rodeio. Os animais estão vencidos. Há que se distinguir bem os animais selvagens daqueles que são criação humana, porque existem animais que são inventos humanos. A natureza não produz porcos comedores de bolotas de carvalho e muito menos cavalos de corrida, touros bravos ou vacas leiteiras; não existem. Quando vamos a um lugar verdadeiramente selvagem, encontramos muito poucos desses animais domésticos. Então, avaliamos melhor a enorme distância existente entre um lobo e um chihuahua, a quantidade de esforço humano investido para passar de um a outro.

Reconheço que todos os seres vivos têm sensibilidade, que não podem levar chutes como se fossem uma mesa ou uma cadeira, mas é absurdo pensar que essas raças têm um destino que está além dos motivos pelos quais o homem os foi adaptando. Alguém perguntou ao porco comedor de bolota se ele quer servir para fabricar presunto? Não. Nós o fizemos para isso. Nossa forma de perguntar foi produzir um animal para que dê presunto.

O abuso fundamental seria tratar essa classe de animais fora da utilidade que concordamos em lhes dar. Se eu usar um gato doméstico como almofada para espetar alfinetes, certamente poderei ser acusado de ser cruel com o gato, tanto quanto você tourear uma ovelha. Nesse caso, você estará tentando fazer com que um ser destinado a certa função desempenhe outra diferente, que, além do mais, causa dor ao animal sem trazer nenhum benefício a você.

Mas é um pouco absurdo acusar de maltrato aquele que obtém presunto do porco comedor de bolota ou leite da vaca, pois são animais que, se não trouxessem tal benefício, desapareceriam em poucos anos. Se amanhã chegarmos à conclusão de que o presunto de Jabugo produz câncer irreversível em todos os seres humanos, então os porcos de Jabugo serão extintos. Não existirão mais. Não têm outro objetivo de existir senão esse.

O caso dos touros bravos é parecido. É evidente que, se amanhã extinguirem as touradas, a primeira coisa que se deveria fazer seria sacrificar uns 180 mil touros bravos existentes na Espanha. E desses nem todos são destinados às touradas: há as crias, as fêmeas... Quando

Ética urgente!

você argumenta assim, sempre lhe respondem: "Não vão ser extintos; conservaríamos alguns em zoológicos para reproduzir a espécie". Bem, o caso é que, em troca de acabar com as touradas e evitar a morte de alguns touros bravos, seria preciso aniquilar uns 179.980 touros e distribuir os restantes em alguns zoológicos para mantê-los como exemplo de um animal que viveu em outro tempo. É um paradoxo que o humanismo protetor dos animais esteja pedindo, sem pretendê-lo, a extinção de algumas espécies por vinculá-las a desejos e projetos que são contrários aos projetos que estimularam a proliferação desses animais.

O olhar está desfocado, porque o resto dos animais deixou de ser inimigo para o homem. De modo que passaram de animais que podem arrancar sua cabeça com as garras para pobres animaizinhos. O tigre-de-bengala, o tubarão-branco e o restante dos animais ferozes nos parecem pobres animaizinhos porque agora podemos destruí-los quando nos der vontade.

Mas nem sempre foi assim. Hoje em dia já não existe o medo da fera; existe, é claro, sua projeção no cinema, com os filmes de monstros, mas todos nós sabemos que a fera é um temor atávico. Os antropólogos nos dizem que a espécie humana se organizou em grupos provavelmente para se defender dos predadores. Talvez tenha existido um grande felino com dentes de sabre que percebeu que aqueles macacos pelados éramos presas fáceis, e se dedicou a nos caçar sistematicamente.

Os macacos, nossos ancestrais, aproveitaram a dose de inteligência que tinham para se organizar em grupo e defender-se. Provavelmente a defesa diante desse predador tenha sido o começo de nossas sociedades. Agora só permanecem predadores porque os protegemos, não os aniquilamos, deixamos alguns soltos, mas todos vivem em nossos jardins. Quando um deles nos incomoda, o exterminamos, e pronto.

Como ameaça, como inimigo, o animal desapareceu, e nós, seres humanos, sacralizamos tudo o que desaparece. Não existem camponeses encantados com a paisagem, pois estão dentro dela, conhecem o sacrifício e o esforço diretamente; mas, a partir do momento em que vão à cidade e se metem num bar, começam a perceber como era bonito o seu arraial à noite. Todos sacralizamos o que não temos, o que já não existe. Provavelmente, o culto dos mortos venha daí: como já não estão entre nós, os convertemos em santos, em deuses, mas se voltassem nos dariam desgosto. Com os animais acontece o mesmo.

Os direitos dos animais

Quando criança, eu não tinha muito contato com animais, mas em San Sebastián ainda havia charretes com cavalos, e os zoológicos me encantavam; era a primeira coisa que eu visitava numa cidade; agora estão desaparecendo, estão sendo retirados do território urbano porque já não interessam às pessoas, pois são vistos pela televisão. São aqueles animais que não podemos ter em casa, com os quais não temos um trato frequente, os que tendemos a glorificar, a sacralizar, a pensar que necessitam que saiamos para defendê-los.

3

PENSA
O PÚB

R
LICO

Democracia e participação

O que vi de mais promissor no 15-M[17] foi a relação entre os cidadãos. Saíram às ruas e, mesmo sem grandes pretensões, se reuniam uns com os outros e diziam: "Vamos falar". Era como se pensassem: "Em vez de ficar em casa vendo futebol e esperar que os outros consertem o mundo para mim, vou sair, me misturar à multidão, vou ver com meus próprios olhos". E essa atitude foi muito boa. Claro que muitas vezes não se encontra uma solução, porque o fato de você ter a maior boa vontade do mundo não garante que vá encontrar logo de cara uma solução para os problemas mais complexos, que envolvem grupos e instituições. Mas é verdade que significou uma mudança, fazendo-nos perceber que política é algo que diz respeito a todos.

É muito importante atentar para o fato de que somos uma sociedade cujos assuntos públicos devem ser geridos com a participação de todos. Chama-se sociedade justamente por isso, porque somos sócios; e, como não se trata de uma empresa da qual você possa se desligar, não é conveniente deixar tudo nas mãos dos executivos. Não é prático nem inteligente.

Serviu para perceber que a política não é apenas uma coisa negativa, um incômodo, uma perda de tempo. Por um momento, deixamos de ouvir frases como: "Eu não me meto em política", "Como a política é ruim", "Não, não quero entrar para a política". Os cidadãos descobriram que, se você não se meter em política, mais cedo ou mais tarde a política vai se meter na sua vida, que é o que acontece hoje em dia, quando a política se meteu até na sala de jantar das pessoas e das famílias.

---

17 N.T.: Movimento popular de protestos — também chamado Democracia Real Já — contra a situação socioeconômica da Espanha, eclodido em 15 de maio de 2011, em decorrência da descrença nos partidos políticos como representações eficazes de um ponto de vista prático.

Então é importante que todos participemos da política, não só os políticos?

A grande inovação da democracia grega foi fazer com que todos os cidadãos comparecessem para discutir e votar os assuntos que lhes diziam respeito.

Não passaria pela cabeça de ninguém submeter uma teoria científica à votação; por outro lado, faz sentido debater como organizamos a previdência social, porque há várias opções e não podemos compará-las para saber qual é a melhor. Cada uma delas tem suas vantagens e desvantagens, beneficiando mais a uns do que a outros. Então, o que fazemos é explicá-las, e depois decidimos a que nos parecer melhor. Claro que corremos o risco de nos equivocar, mas é a única alternativa a uma decisão ditatorial. Por isso é importante aprender a valorizar a democracia. Num mundo em que 80% da humanidade vive em ditaduras, sob o domínio do fanatismo, nós, que temos a sorte de viver na zona privilegiada do mundo, não podemos passar o dia reclamando, como se habitássemos o inferno.

Parece-me que a nossa democracia é fictícia.

Todas são.

Somos levados a acreditar que temos direito de votar e que somos nós que elegemos os políticos, mas quando acabam as eleições eles fazem o que lhes convém.

Na democracia, você pode fazer o que quiser, menos descansar. A democracia é um regime para não parar quieto, para estar sempre vigilante, disposto a agir. A democracia nos dá a oportunidade de intervir, de controlar, de tirar um governante do cargo porque cometeu fraude, porque descobrimos que é um corrupto, porque consideramos que não é bastante competente. Mas, se você se cansa, está perdido. A democracia é uma motivação permanente para que você intervenha na sociedade.

É o que ocorre nas reuniões de condomínio; eu nunca vou porque não gosto de discutir a respeito do elevador. Delego a outra pessoa

Democracia e participação

para que vá em meu lugar e, se decidirem por uma bobagem ou algo que não me agrada, terei de aguentar. Sei que ajo mal, como age mal quem, numa escala maior, faz a mesma coisa.

Mas há pessoas que vão às reuniões de condomínio e não ganham nada com isso.

Essa é a desculpa dos que nunca vão. A primeira crítica à democracia ateniense se encontra num texto político que chamamos de *Anônimo ateniense*. Provavelmente foi escrito por um oligarca espartano, e ali você já pode ler as mesmas objeções de que estamos falando: "O povo não sabe do que está falando", "Seja lá o que você disser, sempre haverá alguém que gritará mais alto". E, pensando que em Atenas se juntavam 15 mil pessoas sem microfones ou alto-falantes, seria natural não se ouvir.

Na Grécia, os mais pobres eram pagos para ir à assembleia, embora a diferença entre os mais ricos e os mais pobres fosse muito menor se comparada com a de hoje. E eram pagos porque se considerava imprescindível que todos comparecessem; assim, os mais pobres não tinham a desculpa de que, se fossem, ficariam sem comer. Mas esse pequeno soldo foi suficiente para que começassem a suspeitar de suborno, ou seja, que se votava de acordo com a vontade dos mais ricos.

Todas essas objeções feitas à democracia nos tempos de Péricles devem ser verdade; estou convencido de que a corrupção não é algo que nos aconteceu por descuidarmos as essências, e sim que os malfeitos são parte da democracia desde a sua origem. E, apesar de tudo, os atenienses sentiam que valia a pena defendê-la da ameaça da única alternativa política que lhes era oferecida na época: a ditadura espartana.

Vocês também já conhecem uma frase muito famosa de Churchill: "A democracia é o pior sistema político, excetuados todos os demais". E ele tem razão; a democracia é um sistema político cheio de buracos, de falhas e deficiências, que nos toma muito tempo e nos penaliza com um tremendo estresse se o levamos a sério. E, além disso, se você não levá-lo a sério, é certo que funcionará muito mal. Só tem a vantagem de ser melhor do que os demais sistemas disponíveis.

Acho que nem todos são políticos porque muita gente prefere dedicar seu tempo aos filhos, à família... Não se metem na luta, e não reclamam de ser um pouco subjugados.

Infelizmente, também acho que isso é o que a maioria faz. O que acontece é que, por mais que você queira evitar a política, a política não tem nenhuma intenção de evitá-lo. Os filhos dessa maioria, com os quais ela prefere ficar brincando, necessitam de educação, de saúde... Seu casamento é regido por leis de união e de separação... Os impostos que oneram o seu trabalho, as pensões que receberão quando estiverem aposentados, inclusive seus salários... Tudo isso depende de medidas políticas tomadas por representantes eleitos por todos, em eleições que eles dizem "evitar" porque não estão nem aí, porque segundo eles não está em jogo "nada de seu". Na democracia não se pode escolher ser um sujeito político ou não; estamos dentro de uma *pólis*, pertencemos a um mundo que está o tempo todo fazendo política.

Naturalmente, muitas organizações vão beneficiá-lo para que você desista da política, porque estará dando sua participação de presente a alguém que a usará em favor de seus interesses próprios. De modo que lhe dirão que você faz muito bem, que, devido ao que está acontecendo, faz sentido dedicar-se ao que é particularmente seu.

Foram os atenienses que tiveram aquela intuição tão boa de obrigar a participação de todos os cidadãos na política. Caso fosse gerado um forte conflito e alguém, para ficar de fora, se defendesse dizendo que não era político, então o designavam com uma palavra específica, uma que empregamos para outra coisa. Chamavam esse alguém de idiota. O idiota era *idion*, o que só quer ser ele mesmo. O idiota é aquele que pensa que pode viver só para si, não se importando com a luta política.

Mas o que podemos fazer para que as pessoas se dediquem mais à política? Sabemos que na Grécia eram os escravos que mantinham o sistema, deixando os cidadãos com tempo livre para se dedicar aos amigos e à política. Mas hoje em dia as pessoas têm de trabalhar.

A maioria dos cidadãos atenienses também trabalhava. Sobretudo os mais pobres; esses não podiam passar o dia contemplando o céu. Recebiam uma compensação para que não apresentassem desculpas.

Com o nível de vida que alcançamos na Europa hoje em dia, essa

Democracia e participação

coisa de que não posso intervir na política porque tenho de trabalhar é um subterfúgio. É como a desculpa de que você não lê porque não encontra tempo. Para pensar, para intervir na política, deve-se buscar esse tempo, tirá-lo de algum lugar. As coisas mais importantes da vida não estão marcadas no calendário da agenda, não vamos achá-las no planejamento do dia. O calendário e o planejamento indicam: "café da manhã, primeira aula, reunião com os diretores", mas nunca vão indicar a que horas você tem de se apaixonar, em que momento do dia irá refletir melhor sobre a vida... O tempo a ser dedicado às coisas verdadeiramente importantes para nós deve ser arrancado das obrigações corriqueiras, e a política é uma dessas coisas decisivas para as quais nunca encontraremos um lembrete na agenda.

O senhor disse que a Grécia tinha 25 mil habitantes; na Espanha, somos 40 milhões, e a população está crescendo. É verdade que nossos meios de comunicação são melhores do que naquela época, mas eles tinham representantes e porta-vozes que se ajustavam mais à realidade, pois eram um grupo menor de pessoas...

Bem, nem sempre tinham representantes. A *boulé* é que tomava as decisões; era, sim, mais representativa, mas a *ekklesia* era de todos, ali se reuniam os vinte mil.

Além disso, hoje nossos mecanismos de participação são melhores do que nunca. Em Atenas, eram só 15 ou 20 mil pessoas, mas elas tinham de ser ouvidas sem meios de amplificação da voz ao ar livre; logo, tinham de berrar. Hoje somos milhões, porém dispomos de tecnologias para nos conectarmos com as quais os atenienses nem sequer podiam sonhar.

Mas aqui nós não podemos juntar quarenta milhões para que discutam um ou vários temas, de maneira que a democracia já não é um sistema tão válido.

Por isso foram inventados os partidos políticos. Os gregos não tinham partidos políticos porque todos os cidadãos eram agentes políticos, e assim não lhes faziam falta. Os partidos surgiram porque dividem a sociedade em visões políticas gerais, e assim tudo se torna mais administrável.

Você não conhece todos os políticos que se apresentam; mas, como eles se apresentam sob determinadas siglas, com um programa político detalhado, você pode ter uma ideia clara de quem são e o que pensam fazer. Os partidos servem para nos orientar, indicando-nos a ideologia básica dos candidatos que concorrem às eleições e dos quais você pode desconfiar porque não os conhece pessoalmente.

E é claro que hoje em dia você pode se informar muito melhor sobre eles. Antigamente, todas as campanhas se baseavam nos comícios nas praças de touro de cada localidade; ali compareciam pessoas com ideias bem distintas, e o político dizia o que lhe parecia, podendo convencer a uns, mas não a outros. Hoje, com a possibilidade de qualquer um se tornar conhecido pela internet, parece absurdo continuar convocando comícios em praças de touros. A prova disso é o pequeno número de pessoas que ali vai; continuam a fazê-lo por inércia; há tantas coisas na sociedade e na política que são feitas apenas por motivos simbólicos... Você acredita que haja alguma coisa de interesse no que diz o candidato na praça ou no teatro, quando todos ali presentes são amigos e filiados que vieram para apoiá-lo? A verdade é que esses atos poderiam ser suprimidos para reduzir custos. Imagine a economia que significaria utilizar bem a internet durante as campanhas políticas ou até mesmo para debater projetos de lei.

Mas as ideologias são estereótipos. O importante seria conhecer bem essas pessoas que pretendem nos representar.

O estereótipo não é tão ruim, é uma forma de conhecimento por tentativa, a meio caminho entre a comodidade e a preguiça mental. O esforço da maturidade intelectual se baseia na tentativa de questionar o estereótipo, ir um pouco além, provar que podemos transformá-lo em um instrumento de análise mais apurado. Mas, como não somos apenas espectadores, essas objeções podem nos motivar a agir. É certo que a sociedade de massas facilita o intercâmbio de lugares-comuns e de estereótipos. Mas também é verdade que a área de conhecimento mútuo que a internet abriu não existia antes, que apenas algumas décadas atrás consideraríamos um sonho a possibilidade de conhecer tanta gente e poder trocar opiniões. Agora que dispomos dessa vantagem tecnológica, a questão é ver como iremos desenvolvê-la.

Democracia e participação

Eu vejo que os partidos políticos não lutam pelo benefício de todos, e sim que batalham para acumular mais poder, que enganam a sociedade para que se vote neles.

Esse é um risco real. Mas na democracia tem solução. Se o seu mocassim estragou, você compra outro par. Pois na vida há coisas que começam muito boas e, pouco a pouco, vão se estropiando e então é preciso trocá-las. Os romanos tinham um aforismo, *corruptio optimi pessima*, que significa que, quando o que se corrompe é bom, o resultado será pior do que se tivesse sido apenas mau. De modo que, quando os políticos se corrompem, devemos trocá-los por outros. E devemos nos colocar à disposição e participar para continuar a viver num sistema que nos permite substituí-los.

Somos levados a acreditar que existem pessoas que pensam melhor do que nós, que elas podem solucionar nossos problemas; mas se esses problemas são meus e me afetam diretamente, não há ninguém melhor do que eu para resolvê-los.

Há coisas que me afetam pessoalmente que é melhor deixar em mãos de especialistas. Quando o seu corpo falha e é necessário operá-lo, não é você que pega o bisturi e abre a própria carne. Você vai procurar um especialista de confiança e se põe em suas mãos. A sociedade está cheia desses profissionais especializados. Podem pilotar o avião por você, construir sua casa... Mas ninguém pode ser você em seu lugar. Há uma série de coisas importantes que não posso delegar. Devo ser eu quem fala, quem decide, quem age, mesmo que seja para aderir à maioria; sou eu quem tem de decidir, não pode ser outro. E é preciso estar alerta, pois se trata de um direito que frequentemente vão querer comprar ou suprimir de você.

Mas a democracia não é válida se os políticos nos enganam.

Não é que eles nos enganam, nós é que nos deixamos enganar. Não podemos ser tão inocentes; vivemos nos enganando em sociedade. A palavra nos foi dada para ocultar nossos pensamentos. A política, como qualquer relação social, estabelece um jogo entre a verdade, a mentira, a veracidade e a falsidade. Existem políticos que dizem mais verdades do que outros, partidos que mentem mais e outros, menos, mas o jogo nunca é completamente limpo. Se ninguém está interessado em apontar as falsidades que os políticos tentam nos fazer engolir, podemos nos oferecer para dizer as verdades que ninguém quer ouvir. Esse é o campo de batalha da democracia. Na Idade Média, o terreno onde se decidiam os torneios de cavalaria era chamado "o campo da verdade". E esse campo é agora o espaço público do político, onde jogamos, debatemos e lutamos.

E o que podemos fazer quando não somos ouvidos?

Para isso existem as eleições. Esta é a graça da democracia: sermos todos políticos. E, se aqueles que mandam o fazem mal, será nossa responsabilidade se não os trocarmos por outros que façam melhor. Acho engraçado quando alguém grita: "Não me representam". É claro que nos representam e decidem por nós, quer queira ou não. Assim sendo, como não se pode viver sem política, é importante fazer política antes que outro faça por você.

Acontece que neste país o simples fato de falar mal já é considerado fazer política. Quem critica já acha que entrou para a política. Até os 30 anos, eu vivi numa ditadura onde todo mundo criticava o general Franco no bar, e depois ia trabalhar sem mover uma palha, sem a mínima intenção de agir. Claro que Franco morreu de velho na cama. Digam o que disserem de um político no bar, isso não vai mover um só pelo de seu bigode. Ainda hoje ocorre a mesma coisa; prefere-se a crítica fácil ao risco de buscar uma solução, de comprometer-se pessoalmente.

O senhor disse que os deuses gregos eram um exemplo de conduta para os gregos; já as pessoas de outras crenças, como os cristãos, não toleravam o comportamento dos deuses nem a maneira como abusavam de seu poder. Nós poderíamos aplicar essa reprovação aos políticos atuais?

Bem, os deuses gregos não eram exemplo para ninguém. Nenhum grego dizia: "Vou me comportar como Zeus". Os gregos tinham muito claro que os deuses levavam uma vida própria de seres imortais e que dificilmente poderiam ensinar as criaturas mortais, como os humanos,

Democracia e participação

a comportar-se. As mulheres na Grécia não ouviam os relatos míticos para aprender com o exemplo de Vênus. Os mitos não são feitos de exemplos morais, não se trata de uma religião moral. Não ocorre a Aristóteles, quando escreve a *Ética a Nicômaco*, mencionar algum deus como exemplo; recorre a heróis, a homens famosos.

Para além da opinião que mereça como dogma, o acerto do cristianismo foi ter inventado a ideia de um Deus que quer se tornar mortal para saber como os homens sofrem, pois só assim ele é capaz de nos entender. Os deuses gregos às vezes tomavam a aparência humana para se divertir, mas era um disfarce, não se podia prejudicá-los nem matá-los. Deus, ao transformar-se em homem, compreende suficientemente a natureza mortal para constituir-se num exemplo moral. A ideia de que a religião pode ser fonte de moralidade foi introduzida pelo cristianismo.

Não creio que muita gente interprete a ação dos políticos em termos de exemplos a ser seguidos, nem que busque um guia moral em seu desempenho público. Tampouco penso que os políticos se considerem acima da moral. O problema é que, muito frequentemente, eles se sentem invulneráveis, longe do controle dos cidadãos. O problema não é haver casos de corrupção, mas que a corrupção fique impune. Creio que nós, humanos, somos tão maus quanto nos deixam ser. Se alguém acreditar que, num determinado momento, pode fazer algo para levar vantagem, e estiver totalmente seguro de que não vão poder acusá-lo disso, então ele o fará.

A tarefa democrática não é corrigir a natureza humana nem sua inclinação para a trapaça, mas sim criar uma sociedade que nos assegure que os comportamentos antissociais não vão ficar sem castigo. Kant percebeu uma coisa muito importante enquanto investigava a moral: mesmo aquele que mente e rouba prefere que os outros cumpram as normas; desde sempre, as pessoas imorais querem continuar cometendo fraudes, mas exigem que os demais respeitem as normas. O mentiroso prefere que o resto do mundo diga a verdade, até porque, se todos mentissem, ninguém iria acreditar em nada, e ele não poderia tirar vantagem dessa situação. O mesmo podemos dizer de quem não paga imposto: como vai querer que todos façam como ele e ver a previdência social se afundar? Muitas pessoas, em determinado momento, tentam driblar as normas para levar vantagem, mas ninguém quer viver

Ética urgente!

numa sociedade sem normas. Pois num lugar em que todos mentissem, roubassem e assassinassem, todos estariam em perigo permanente.

Uma das grandes contribuições de Kant para a ética foi nos ensinar que, para reconhecer uma norma moral, devemos nos perguntar: "Quero que todo mundo faça isso?". Se eu vejo uma criança que caiu na água, mesmo sendo incapaz de me atirar na água para salvá-la, gostaria que todas as pessoas adultas que passassem por ali tivessem a coragem de tentá-lo. Salvar uma criança que está se afogando é uma norma moral, seja eu capaz ou não de cumpri-la, porque, mesmo que não pudesse me atirar, sei que gostaria que todos nós, adultos, fôssemos capazes de ajudá-la.

Os políticos sabem que há normas morais (não roubar é uma, porque ninguém quer viver num mundo onde todos roubam), mas nem sempre querem cumpri-las. Nesse sentido, não são muito diferentes de nós; é claro que é mais cômodo ver como os outros são maus e fazermos vistas grossas às nossas próprias corrupções. Existem muitos cidadãos que ficam loucos da vida quando veem que os políticos roubam, mas que passam a tarde tranquilamente na internet roubando filmes, livros, músicas... E, como isso os beneficia e lhes convém continuar assim, não acreditam que sua corrupção seja equiparável à dos políticos. Este é um verdadeiro problema moral: que a crítica, à qual somos tão aferrados, raríssimas vezes nós a dirigimos a nós mesmos. A autocrítica é uma espécie muito rara de encontrar.

O que o senhor disse das pessoas que fazem algo imoral sabendo que não serão punidas me fez pensar na cúpula dos Açores[18]. O que se decidiu ali pode ser julgado imoral?

A moral trata de opções individuais, do que cada um faz com sua própria liberdade. Mas podemos distinguir dois níveis. Há um nível geral, que se refere às obrigações que temos para com os outros pelo simples fato de sermos humanos. Por exemplo, não matar o vizinho. São questões morais válidas para todos nós.

---

18 N.T.: Encontro dos principais líderes da Europa e dos Estados Unidos, no qual foram definidas as justificativas e as estratégias políticas para a invasão do Iraque, em março de 2003.

Democracia e participação

Depois, estão as obrigações que decorrem da ocupação de um cargo público, da função profissional de cada um. De maneira que existem questões morais específicas, segundo o papel que desempenhamos na sociedade. Os gregos tinham uma palavra muito útil, *tadeonta*, que significa "o que corresponde", o que deve ser, o que cabe em cada momento. Na hora do aperitivo, podemos fazer piadas, contar anedotas, mentirinhas, ideias que nos passaram pela cabeça... Falamos irrefletidamente, porque estamos entre amigos; mas, quando entramos na sala de aula e nos pomos no papel de educadores, estaríamos faltando ao nosso dever se disséssemos coisas nas quais não acreditamos só para sermos simpáticos. Numa aula, eu tenho a obrigação, por respeito aos meus alunos, de dizer o que acredito ser verdade. Existem coisas que podem ser agradáveis numa reunião familiar ou num encontro de amigos, mas que não podem ser permitidas numa aula. Não acontece nada quando se espalha um boato ou se conta uma mentira entre amigos, por brincadeira; mas, se você trabalha num meio de comunicação, já não deve difundir falsos rumores, seu trabalho deve impor maior cuidado de sua parte.

Todos vocês são conscientes de que podem receber uma educação que a maior parte dos seres humanos da mesma idade não pode ter, já que está vedada aos jovens de muitos países, e isso impõe a vocês certas obrigações próprias, específicas de sua idade, que não irão afetá-los quando estiverem com 40 anos, mas que agora é importante respeitar. Como se vê, há responsabilidades morais conforme a idade, o papel ou o trabalho.

O que acontece com os cargos políticos é que as responsabilidades que deles decorrem tornam imorais certas atitudes que na vida cotidiana não o são. Todos nós gostamos de receber presentes, mas, se você é um político com um posto importante, receber presentes vai contra a *tadeonta*. É você quem deve pagar seus próprios ternos e roupas, porque, dado o cargo que você ocupa, nenhum presente vai lhe sair de graça; depois disso, vão pedir o seu apoio, vão procurar se aproveitar de sua influência, você vai perder a neutralidade que se exige na gestão do dinheiro público.

Sei que eu disse que numa democracia somos todos políticos, que depende de nós atribuir-lhes o poder; mas, quando uma pessoa ocupa um cargo público a título individual, tem certas obrigações próprias de seu posto: deve fazer as coisas de maneira honesta, é claro, mas

Ética urgente!

também deve ter muito cuidado para não se equivocar. Um político que se equivoca pode causar muito dano. A moral é a boa intenção, mas quando se trata de um político, um cirurgião ou qualquer especialista no desempenho de seu cargo, deve-se exigir algo mais deles, já que não bastam as melhores intenções se, depois, arruínam a sua saúde ou afundam o país. Essa é a grande diferença entre a moral e a política. Do político se exige um preparo específico.

Então, desse ponto de vista, nos Açores se pôde decidir com boas intenções?

Não sei, não posso sentenciar se essa gente tinha boa ou má intenção, que é o domínio próprio da ética. Os resultados já sabemos quais foram, e os políticos são julgados por seus resultados.

O presidente Lyndon Johnson, dos Estados Unidos, introduziu uma série de medidas de proteção social muito importantes. Com a ideia de melhorar a vida nos guetos, decidiu dar uma ajuda em dinheiro às mães solteiras, que eram numerosas, para que pudessem alimentar seus filhos... A intenção do presidente podia ser a melhor, mas os resultados foram bastante medíocres, porque o que se conseguiu com tais medidas foi que a maioria dos afro-americanos nunca chegaram a se casar. O homem também vivia com o dinheiro do subsídio que a mãe solteira recebia, de modo que também não se sentia obrigado a trabalhar. Dessa maneira, algumas décadas mais tarde, o esforço dos coreanos, dos gregos e dos vietnamitas os havia ajudado a progredir socialmente, enquanto os afro-americanos ficaram para trás. Esse desastre econômico e social deveu-se em boa medida a uma ajuda bem-intencionada, mas cujo resultado foi ruim.

É verdade também que Lyndon Johnson acabou com a discriminação nas escolas e que, graças a seu empenho, temos hoje um presidente negro na Casa Branca. Mas quanto aos resultados daquele plano, foi um desastre. Quando se trata de avaliar a ação política, há que se pensar nos resultados, nos benefícios que o país obtém.

Anteriormente, o senhor disse que, por natureza, os seres humanos quanto mais têm, mais querem. Então os políticos, como têm o poder, vão querer também mais poder.

Democracia e participação

Sim, mas eu me referia, sobretudo, ao fato de querermos mais liberdade política, mais conforto; quando já conseguimos alguns direitos, não gostamos de retroceder.

Por mais pessimista que alguém seja, deve reconhecer que se produziu uma melhora nas condições de vida. Inclusive na democracia ateniense, que tanto admiramos, havia os escravos, que não podiam votar. E todas as mulheres estavam banidas da vida política porque, para os atenienses, elas pertenciam ao âmbito da família, como os animais e as plantas. As mulheres estavam sob o domínio da hierarquia doméstica, oposta à esfera da liberdade e dos iguais, a ágora, onde reinava o debate. Hoje, a mulher vem se integrando ao mundo da política, uma vitória recente, muito recente. E também os pobres desfrutam agora do direito de voto. Essas melhorias provêm de um longo progresso no tempo. Hoje, queremos ter mais liberdade e melhorar a maneira como o cidadão pode participar das decisões políticas. Ninguém se conforma com o que tem; parece um tédio, mas é também o impulso que nos permite melhorar.

Eu distinguiria esse querer mais, com o propósito de melhorar, do querer mais no sentido de acumular, que pode terminar muito mal. Não sei se vocês já viram o filme *Cidadão Kane*, a história de um homem que passa a vida acumulando, possuído pelo desejo de querer mais, e no fim tem tantas caixas cheias de coisas, empilhadas, que nem sequer pode abri-las para ver o que há dentro.

Pode acontecer a um político o mesmo que aconteceu a Kane, com uma diferença: os políticos não têm poder. O político pode acreditar que o poder é seu, mas esse pensamento é tão real quanto ele acreditar firmemente que tem três olhos. De fato, é preciso tirar-lhe essa ideia da cabeça imediatamente (a do poder, não a dos três olhos). O político tem o poder que nós, cidadãos, lhe damos, e somente durante o tempo que concordarmos em lhe dar.

Que perfil deveria ter um bom político?

Eu me lembro de ter sido convidado para participar de um comitê de ética em que nos pediram que determinássemos os requisitos que uma pessoa devia reunir para que lhe fosse concedida uma autorização especial para ter cães perigosos, já que um animal desses não deve

Ética urgente!

cair nas mãos de qualquer um. Quando chegou minha vez de falar, eu disse que a primeira condição para ter um cão perigoso era não tê-lo, pois me parecia um péssimo sinal que alguém quisesse ter uma arma canina em casa.

Na *República*, Platão diz, não tão ironicamente como parece à primeira vista, que para ser um bom político o melhor é não querer sê-lo, porque a experiência nos diz que querer ser político é um péssimo sinal. O político ideal seria aquele que nós tivéssemos de ir buscar, que levássemos arrastado até o Congresso e que passasse a legislatura inteira sonhando com o dia em que o deixaríamos em paz. O poder corrompe, e o poder absoluto corrompe absolutamente[19], disso estou convencido.

O que é a democracia para o senhor, então?

A coisa mais importante sobre a democracia é que ela não representa o final do jogo, não é um destino a ser atingido e que, uma vez alcançado, todos os problemas terminaram. Graças à democracia, por exemplo, dispomos de meios de comunicação fidedignos, que podem continuar atuando se tiverem o apoio do público. Graças à democracia, podemos nos defender dos piratas que roubam bens alheios na internet, que são tão corruptos como os políticos, ainda que nos custe muito reconhecê-lo.

A democracia é uma ferramenta para solucionar problemas, assim como a chave inglesa tem a sua utilidade, mas se deixar a chave inglesa sobre a mesa, sem pegá-la, você não vai conseguir apertar uma porca sequer. Com a democracia é a mesma coisa, por si mesma não resolve nada. Napoleão dizia que se podia fazer qualquer coisa com a baioneta, menos sentar em cima. Com a democracia é igual; não serve para sentarmos em cima e descansarmos, é um instrumento para lutarmos pelas ideias de que gostamos e nos opormos às que não nos convêm; algumas vezes nos saímos bem, outras mal, mas não podemos ficar dormindo.

A democracia é um sistema de escolha, então devemos dotá-la

---

19 N.T.: A frase original é de Lord Acton, historiador católico inglês, em carta ao bispo Mandell Creighton (abril de 1887). No original: "Power tends to corrupt, and absolute power corrupts absolutely. Great men are almost always bad men".

Democracia e participação

de conteúdos, que podem ser bem diferentes. Observe as grandes diferenças entre as democracias ao longo da história. Na democracia mais importante do planeta, os candidatos têm de explicar suas crenças religiosas e prestar contas de sua vida pessoal, algo que nas democracias europeias, onde ainda se distingue a vida pública da vida privada, seria um escândalo. Vimos um presidente negro nos Estados Unidos e, mais cedo ou mais tarde, esse país será presidido por uma mulher, mas não creio que cheguemos a ver um presidente ateu, que se reconheça irreligioso, nem tampouco solteiro. A razão é que esse é o conteúdo que o povo do país lhe dá, pois a democracia depende daquilo que os cidadãos querem.

Justiça e igualdade

Se olharmos com certa perspectiva, devemos reconhecer que a justiça ampliou-se nos últimos séculos. Antigamente havia uma série de estratos sociais que só podiam ser julgados por seus pares. Durante muitos séculos, o príncipe foi considerado não apenas poderoso, mas também de uma natureza distinta dos cidadãos comuns, os quais, por sua vez, eram pouco mais do que escravos. Se um conde ou um duque matasse um de seus criados com um golpe na cabeça, não era um juiz comum que o julgava, mas um dos seus. Não faz muito tempo, a Índia era regida por um sistema de castas que garantia uma hierarquia social desde o nascimento, que permanecia durante toda a vida do indivíduo. Ninguém se escandalizava com tais desigualdades, e não faz muito tempo que desapareceram.

Thomas Jefferson disse uma frase que é uma grande verdade: "Certas pessoas acreditam que há seres humanos que nascem com uma sela nas costas, enquanto elas nasceram com esporas para montá-los"[20]. Pois durante séculos (e ainda hoje entre nós) encontravam-se pessoas que pensavam assim. Mas nós, como sociedade, já não acreditamos na superioridade por nascimento. Podemos entender até certo ponto as enormes desigualdades geradas pelo jogo socioeconômico, por exemplo, entre empresários e mendigos, mas não toleramos que a justiça trate de maneira diferente os cidadãos que cometeram o mesmo delito. As injustiças nos deixam escandalizados. Temos a sociedade mais igualitária que jamais existiu, mas, por outro lado, continua sendo menos igualitária do que gostaríamos. Não só queremos que alcance a todos, mas também que ninguém se esquive dela.

---

20 N.T.: Última carta escrita pelo estadista norte-americano, endereçada a Roger Weightman, em julho de 1826, pouco antes de seu falecimento. No original: "The mass of mankind has not been born with saddles on their backs, nor a favored few booted and spurred, ready to ride them legitimately, by the grace of God".

Ética urgente!

Antes diziam que a justiça era igual para todos. No programa Salvados[21], fizeram um episódio chamado "A justiça é igual para todos?" e, num dos trechos do programa, falaram com um juiz que instruiu um caso de corrupção. E o juiz disse que, para quem exerce o poder, é mais fácil delinquir e roubar do que para aquele que se dedica a pequenos estelionatos. Para quem pode roubar milhões, o crime vai sair mais barato do que para aquele que rouba pouco, pois tem poder suficiente para não ir para a cadeia por muitos anos. Logo, a justiça não é igual para todos.

A justiça é igual para todos, o que não é igual é a capacidade de burlá-la. Há pessoas que têm uma posição social a partir da qual é mais fácil se esquivar da justiça do que outras. Teoricamente, o juiz tem de cuidar para que não haja diferenças, mas é verdade que sempre poderá enfrentar melhor a justiça aquele que tiver mais recursos e melhores advogados. Boa parte das pessoas que estão na cadeia estão ali por serem pobres. São culpadas, sobretudo, de pobreza, miséria e ignorância.

Então é verdade que a justiça avalia com critérios distintos.

Isso porque existem pessoas de muito peso e influência na sociedade, e elas nos inspiram medo. O medo é paralisante e deixa uma pessoa à mercê daquele que o infunde, seja porque carrega um revólver, seja porque exerce um cargo tão poderoso que ninguém se atreve a meter-se com ele. Por isso é fundamental lutar para educar as pessoas contra o medo, para que não vivam numa sociedade escravizada.

Como os direitos vão ser iguais se a sociedade é tão desigual?

Todos nós temos os mesmos direitos, mas a sociedade não é igual para todos, em nada. Numa festa, os feios têm menos oportunidades do que os bonitos, e aqueles que não têm graça, menos do que os engraçados. Os seres humanos são desiguais, por isso tivemos de inventar a igualdade jurídica. Alguns de nós são fortes, outros fracos, uns divertidos... A

---

21 N.E.: Programa televisivo semanal de reportagens investigativas em tom humorístico (semelhante ao brasileiro *CQC*), transmitido pelo canal espanhol La Sexta, que estreou em 2008 e está atualmente na oitava temporada, com grande sucesso.

Justiça e igualdade

igualdade jurídica nos permite partir de uma mesma base de direitos, mas a vida nos fará diferentes, pois existem aqueles que têm dons e capacidades, e outros, não. Mas a igualdade jurídica serve para impedir que os mais fortes e mais espertos ponham uma sela nos que são menos espertos e fortes, e os dominem com suas esporas.

Como os juízes vão vigiar os políticos se foram escolhidos pelos partidos?

O Conselho do Poder Judiciário[22] é uma dessas coisas que acabamos por não entender muito bem. Mas foi o que os cidadãos autorizaram. Não foram os juízes que impuseram esse sistema de escolha. Foi no Parlamento, por iniciativa dos representantes eleitos por nós, que se decidiu que os juízes chegassem a seus corpos diretivos segundo uma divisão equitativa. É um absurdo, mas foi autorizado pelos cidadãos. Por isso é tão importante não deixar a política de lado, e saber o que estamos autorizando a cada momento. Não vale pôr as mãos na cabeça e se lamentar depois dos males já feitos, se antes demos a nossa permissão, mesmo sem perceber o que fazíamos porque estávamos distraídos.

Qual é a sua opinião sobre o caso do juiz Garzón[23]?

Não é apenas uma questão moral. Há regras próprias de comportamento para cada cargo que se exerce. Um juiz não deve ser apenas uma pessoa reta e de boa vontade, também deve cumprir certos pré-requisitos. A alternativa são aqueles filmes a que os norte-americanos são tão propensos, nos quais um policial que de dia fica chateado porque as leis o obrigam a respeitar os detidos e a não torturá-los, à noite se entretém dando-lhes bordoadas para conseguir informações. Filmes são filmes, mas a maioria

---

22 N.T.: Esse órgão, que é parte do governo e do Poder Judiciário da Espanha, tem 21 membros indicados pelo Parlamento, e sua função é velar pela independência do Judiciário em relação aos demais poderes da República.

23 N.T.: Baltasar Garzón Real (1955-), magistrado do Juizado Central de Instrução nº 5 da Audiência Nacional, a instância penal máxima da Espanha. Adquiriu renome mundial ao emitir ordem de prisão contra o ditador chileno Augusto Pinochet e militares argentinos que torturaram cidadãos espanhóis. Atuou contra o narcotráfico espanhol, os crimes do franquismo e casos de terrorismo político e de Estado. Acusado em vários processos, em 2012 foi condenado por prevaricação, sendo expulso da carreira judiciária.

Ética urgente!

de nós acredita que, na vida real, um agente de polícia não está aí para isso. Sua função é cumprir as leis, e não violá-las. Um policial que age fora da lei, mesmo que tenha a melhor das intenções, dá muito medo.

O mesmo acontece ou deveria acontecer com os juízes. Devemos exigir que punam os infratores da lei e, ao mesmo tempo, que o façam sem sair do marco legal estabelecido. É um equilíbrio difícil, mas estão preparados e são pagos para fazê-lo. Se num determinado momento, mesmo que seja com a melhor das intenções, um juiz atropela uma norma importante, passa por cima ou pisoteia o direito de um acusado, está violando seu papel e, se isso pode resultar em responsabilidades penais, deve enfrentá-las, mesmo que sua atuação seja moralmente irrepreensível.

Certas pessoas acreditam que é lícito alguém agir como acha que deve agir em qualquer momento, custe o que custar, porque do contrário nunca iremos acabar com os delinquentes. Se formos coerentes com esse argumento, acabaremos por defender a tortura. A prisão de Guantánamo se baseia no pressuposto de que certos serviços de inteligência têm legitimidade para prender, amarrar e torturar uma pessoa, sem lhe dar a oportunidade de se defender, por considerá-la pertencente à Al-Qaeda, porque estão convencidos de que se trata de um assassino, de uma ameaça à segurança de seu país.

Se a tortura e Guantánamo nos repugnam, então temos de reconhecer que as garantias legais são imprescindíveis e, portanto, respeitá-las. Todos aqueles que já estiveram alguma vez na cadeia sabem o quanto detestariam que um juiz justiceiro os privasse de um advogado, convencido de que são muito maus.

Creio que o trabalho do juiz Garzón foi fenomenal, imprescindível em muitos momentos. Lembro-me de quando se transformou no flagelo do Batasuna[24], do GAL[25] e de Felipe González[26]. Então, toda a esquerda

---

24 N.T.: Antigo partido nacionalista basco, dissolvido pelo Tribunal Constitucional espanhol em 2004, por ter sido fundado e mantido pela organização terrorista basca ETA. O braço francês do partido autodissolveu-se em 2013.

25 N.T.: Grupos Antiterroristas de Liberação, financiados por altos funcionários do Ministério do Interior durante o governo do Partido Socialista Operário Espanhol (PSOE) para eliminar militantes do ETA.

26 N.E.: Felipe González Márquez (1942-) foi secretário-geral do Partido Socialista Operário Espanhol (PSOE) social-democrata, o segundo maior partido espanhol em número de filiados e uma das duas maiores forças políticas do país, ao lado do Partido Popular conservador. González foi o terceiro presidente do governo espanhol, entre

Justiça e igualdade

ficou contra ele, o chamavam de juiz campeador, o juiz da forca... Tive de redigir um artigo em sua defesa, intitulado "Gora Garzón"[27]. Mas o fato de uma pessoa ter feito um trabalho extraordinário durante anos não lhe faculta o direito de atropelar as regras de conduta que seu cargo exige nem invalidar garantias legais dos acusados.

1982 e 1996, período mais longo em que um governante ocupou o cargo no regime democrático. Durante seu governo, ocorreram casos de terrorismo paramilitar contra o ETA nos anos 1980 (investigados pelo juiz Garzón) e de corrupção nos anos 1990.

27 N.E.: A interjeição exortativa *gora*, na língua do País Basco (onde nasceu Savater), equivale ao castelhano *arriba* e ao português "viva", "vamos" ou "força".

Terrorismo e violência

O grupo terrorista é uma organização criminosa que se dedica a delinquir, e é preciso combatê-lo com as mesmas armas empregadas contra os demais malfeitores: a polícia, os juízes etc. Não há outra maneira de acabar com as máfias. O crime organizado nunca irá dizer: "Chega, já ganhei o bastante, agora vou para casa".

E depois, é certo que, como tiveram constante apoio ideológico e político, também temos de defender o estado de direito. O problema essencial é que no País Basco nunca deram oportunidade à Espanha democrática. Desde o primeiro momento, desde a convocação das primeiras eleições, tudo esteve contaminado pela violência. Votamos, mas não como se fazia nas demais comunidades: votava-se com medo, as pessoas não podiam comparecer livremente às eleições, e sim sob coação e ameaças, de maneira que se escolhia apenas entre os que se apresentavam após uma "seleção" prévia, bem pouco democrática. A violência corrompeu o processo. Agora, deve-se sacudir o passado, recuperar-se e dar uma oportunidade à Espanha democrática. Mas é difícil, porque continua havendo muitos problemas a serem resolvidos, inclusive terminológicos.

O senhor seria partidário da ideia de que no Congresso não houvesse nenhum partido ligado ao ETA?

É absurdo impedir que se legalizem por serem *etarras*[28] ou simpatizantes de *etarras*. Não tem sentido continuar reprovando alguém que depôs as armas e pagou pelo que fez. O argumento de que continuam a ser os mesmos não vale para mim; de fato, só pode voltar a ser bom quem foi mau, e só pode deixar as armas quem as utilizou. Isso é o que interessa. Mas queremos saber se mudaram de verdade e pensam em

28 N.T.: Partidário ou militante do ETA.

Ética urgente!

agir de outra maneira, se renunciaram verdadeiramente à violência e dela se arrependem. E não é nenhum de nós, individualmente, quem deve julgar a qualidade de seu arrependimento, e sim os tribunais.

Mas eles têm apoio popular...

Há poucos meses morreu Kim Jong-il, o ditador norte-coreano, e o povo saiu às ruas chorando, gritando, arrancando os cabelos... Embora o resto do mundo tenha uma opinião, digamos, bastante comum sobre ele, parece que em sua casa, onde tinham de suportar seus caprichos, ele era queridíssimo por todo o mundo. Restam dúvidas quanto à espontaneidade daquelas pessoas que se manifestam em lugares onde reina um regime baseado no controle e no terror. Na Espanha ocorriam coisas bastante parecidas durante a ditadura. Quando a ONU condenava Franco e seu regime, o povo saía em massa às ruas para apoiar o caudilho. Não nego que muitos cidadãos se manifestavam a favor porque se sentiam assim, mas garanto que muitos outros o faziam por medo de delações e represálias.

Mas a Coreia do Norte e o País Basco não são a mesma coisa.

Evidentemente não são a mesma coisa, mas é importante saber se as pessoas continuam intimidadas.

Acho que, quando a atividade do ETA realmente acabar, teremos plena consciência disso, pois deixaremos de sentir medo; enquanto o medo estiver ativo, o processo continuará em aberto.

O fato de uma organização não se dissolver, embora diga que se converteu, não ajuda em nada. Se você se converteu mesmo, por que continua se considerando membro de um bando ainda armado? E que preço vai me cobrar para entregar as armas de uma vez por todas? Pretende que eu lhe agradeça por não ter me matado, por ter tido a clemência de não ir até minha casa para me matar? E terei de recompensá-lo quando você anuncia que vai deixar de matar no futuro?

Admito que melhoramos. Hoje vim sozinho a este instituto, mas se fosse algum tempo atrás haveria dois homens ali fora, esperando para me acompanhar até a estação. Quero acreditar, e aposto que sim, que a situação entrou numa fase em grande parte irreversível, mas ainda

Terrorismo e violência

pode haver recuos enquanto avançamos; não devemos ficar tão confiantes. Ainda hoje, no País Basco, há pessoas que não podem passear nem entrar em determinados lugares. Não que o ETA vá atentar propriamente contra a vida delas, mas continuam com receio de seus grupos de apoio. Não seria uma ideia inteligente eu entrar num bar de Hernani com uma cara tão conhecida como a minha. São indícios de que o medo continua vivo, que as coisas ainda levarão um tempo para se normalizar.

A violência nunca é um caminho? Nem quando já não resta nenhuma alternativa política?

A violência é sempre um problema. Outro dia eu estava num encontro de estudantes em Herrera del Duque, na província de Badajoz, e um jovem me disse que, com os cortes no orçamento, já não vivíamos numa democracia.

Os cortes são lamentáveis, claro, e ninguém quer perder o direito à educação nem recursos para a saúde, mas as decisões foram tomadas por pessoas que pertencem a grupos políticos eleitos pelos cidadãos. Não é que essas pessoas tenham conseguido suas cadeiras cavando um buraco no chão e substituindo os deputados legítimos. Estão no Congresso porque os cidadãos os puseram lá.

O erro é pensar que a democracia deve satisfazer a todos, e não é bem assim. Ela é um instrumento político que dá razão e poder à maioria e, portanto, pode gerar grandes satisfações aos que nela vivem. Uma democracia é capaz de abranger todos os pontos exigíveis e produzir muitas dores de cabeça e frustrações a seus cidadãos, porque muitos desejam coisas diferentes da maioria. De modo que, às vezes, desejos muito elogiáveis são minoritários dentro da sociedade; e, se não são satisfeitos, não significa que a democracia deixe de ser autêntica ou verdadeira, e sim que, apesar de verdadeira, ela vai contra coisas que podem parecer boas, porque não são interesse prioritário para a maioria. Essa ideia de que, se a democracia fosse autêntica, e não um sucedâneo corrupto que se deve fazer explodir pelos ares, estaríamos todos satisfeitos de viver nela não passa de uma ingenuidade pueril.

Entrar no terreno da violência é destruir a política. A violência deve ser erradicada, reprimida, dando-se ao Estado o monopólio de seu uso legítimo. É verdade que a violência está em nosso cotidiano,

Ética urgente!

tendo em vista que as sociedades nos impõem coisas que não queremos fazer, mas a única maneira de regular isso é por meio de leis, por meio da luta dos partidos políticos.

Não faz muito tempo, a Direção Geral de Polícia baixou uma disposição que já estava mais do que na hora de ser tomada: proibiu as detenções coletivas de imigrantes só por sua aparência. Entrar num local e levar um senhor preso só por ser negro é uma violência jurídica que não podemos tolerar, e que já foi devidamente suprimida. Mas se há uma ideia que pode levar a situações bem piores é acharmos que podemos fazer justiça com as próprias mãos pelo fato de os depositários da autorização legal da violência às vezes abusarem de suas prerrogativas ou não se comportarem adequadamente.

Não tenho grande simpatia por muitos dos membros do parlamento da Catalunha, mas o espetáculo dado pelos cidadãos da província ao persegui-los não é lá muito edificante nem democrático. Demonstra uma falta de consideração e respeito não só para com a pessoa desses políticos, mas também para com seus eleitores e a democracia. Aquele que apedreja um representante político está apedrejando os que nele depositaram seu voto e sua confiança; ele poderá fazer melhor ou pior, cometer erros e tudo o mais que se queira, mas as coisas não podem ser assim.

O terrorismo sempre age da mesma forma: tenta capturar em suas redes uma parte da população e submetê-la a uma violência ilegal para obter benefícios políticos que, de outra maneira, nunca conseguiria. A sociedade e os cidadãos, se forem democráticos, deverão posicionar-se contra essa usurpação.

Constantemente, lemos notícias sobre casos de violência e de abuso sexual nas escolas. O senhor não acha que os jovens nunca estiveram tão violentos como hoje?

Bem, os jovens sempre foram mais violentos do que os mais velhos, isso é um fato, mas um fato ligado à própria biologia: os exércitos são formados por homens jovens, não por membros do Imserso[29]. Um jovem pode lhe dar um tapa e desmontá-lo.

---

29 N.T.: Sigla de Instituto de Mayores y Servicios Sociales, órgão do governo espanhol dedicado a serviços sociais, culturais e recreativos para idosos.

Ortega y Gasset tem um texto muito bonito, intitulado "A origem desportiva do Estado", no qual especula que o Estado deve ter sido uma invenção dos jovens e que as leis foram criadas pelos velhos com o intuito de refrear certos jovens que tendiam a exaltar a força, a beleza, a ousadia... E os velhos paravam para recordar: "Bem, se alguém cair e quebrar a perna, que seja ajudado".

De modo geral, sempre foi assim; a violência tem permanecido ao lado dos jovens porque eles são mais impulsivos e mais fortes. Hoje em dia, o que alimenta a violência é a aceitação social de que você pode fazer o que lhe der na telha se tiver alguma razão. Se você quebrar a cara de um senhor e em seguida explicar que foi porque ele era mau, que lhe devia dinheiro ou lhe aplicou um golpe, então está tudo bem. E não está tudo bem. Uma pessoa pode ter todas as razões do mundo para fazer uma coisa e, no entanto, essa coisa — como, por exemplo, fazer justiça com as próprias mãos — não é recomendada ou está proibida.

Essa maneira de agir tem predominado entre os jovens; percebo uma "batasunização"[30] das atitudes juvenis. Como estão convencidos de que têm razão, saem por aí intimidando os políticos ou queimando metade das lixeiras da cidade. Consideram-se cheios de razão para levar a cabo ações criminosas. Esse procedimento é espantoso numa cidade desenvolvida. Não podemos tolerar que haja um grupo dentro da sociedade que, quando acha que já está farto, inclui a violência em seu cardápio habitual. Se estão indignados, o que devem fazer é recorrer à respectiva instância de reclamação, constituir-se em partido político, gritar nas ruas, entre outras coisas, menos apoderar-se da rua usando intimidação e violência.

Algumas dessas atitudes violentas começam a ser observadas na falta de modos, de atenção no trato com os outros. Há dois anos me encontrei com uma antiga aluna em San Sebastián, muito amável, e ficamos recordando velhos tempos até que, num determinado momento, ela me disse: "Não sabe como ríamos de você". Eu pensei que riam porque sempre estou contando piadas e brincando; mas não, não era

---

30 N.E.: Neologismo formado com base em Batasuna ("unidade", em língua basca), nome de um partido político nacionalista basco formado em 2001, sucessor da coligação política Herri Batasuna (Unidade Popular), ambas acusadas de fomentar a ação terrorista do ETA.

por isso. Eles riam porque, em vez de procurar passar primeiro por uma porta e dar uma cotovelada em qualquer um que estivesse no caminho, eu dava passagem às moças. Pelo visto, essa atenção que eu tinha para com meus alunos e colegas era motivo de diversão permanente.

Bem, se a atenção para com os outros — como ceder o lugar a uma pessoa idosa ou a uma grávida, ser respeitoso com os velhos e os deficientes — começa a parecer ridícula, então isso é um sintoma de brutalidade. Logo, logo vamos nos tratar de maneira cada vez mais espontânea, e esse tratamento pode ser um tanto brutal. Larra[31] tem um artigo muito engraçado, no qual fala de um velho castelhano que vai comer num lugar onde lhe dizem: "Aqui não temos cerimônia nem formalidades", e o pobre homem acaba fugindo de lá porque, é claro, a pretexto de não haver formalidades, começam a tratá-lo a pancadas.

Uma sociedade que não respeita a atenção no trato com o outro é uma sociedade que não pensa que o outro pode ser tão violento como você. Não existe um pacto de respeito mútuo quando você se acha o mais forte e o mais agressivo, e é assim que se vai cultivando um terreno fértil para a violência, porque você sempre pode encontrar alguém mais forte. E até pode ser que o jovem que desprezou o velho ou o deficiente receba dele uma punhalada pelas costas.

Por outro lado, somos todos vulneráveis, não apenas nossos corpos, mas também nosso ânimo, e a cortesia é importante, um avanço da civilização para mitigar o desencontro e o mal-estar social. É perigoso ceder muito terreno à espontaneidade, pois ela pode resultar invasiva e daninha para todos.

Mas na escola há uma superproteção contra a violência, proíbem qualquer brincadeira que possa ser minimamente violenta...

Esse é um erro na educação, um excesso de zelo por parte da sociedade. Porque muito do que aprendemos no trato com os outros se dá exatamente na base de golpes.

Quando eu estava na Dinamarca para apresentar a tradução de *Ética para Amador*, saiu uma notícia de um jovem que, com 18 ou 19 anos,

---

31 N.T.: Provavelmente o escritor, jornalista e crítico de costumes Mariano José de Larra (1809-1837).

Terrorismo e violência

havia tido uma briga com outro e o matado. Manifestei surpresa aos meus acompanhantes com o fato de que, num país tão pacífico como aquele, estivesse acontecendo um surto de violência tão radical, e meus acompanhantes disseram que no país os meninos dinamarqueses até os 15 ou 16 anos só têm contato com professoras.

Foi então que uma professora me disse que, pelo fato de os garotos ficarem tanto tempo sob a tutela de mulheres, se estava criando um problema, porque as mulheres tendem a cortar o menor sinal de confronto. De maneira que o menino não tem a experiência de que, se der um soco em alguém, esse alguém vai revidá-lo, e que essa dinâmica torna sua vida um inferno, porque, se ele der um soco num vizinho ou num colega de trabalho, depois vai dar de cara com ele. Os meninos crescem sem a mínima noção do dano físico que a violência provoca, até se tornarem maiores e já terem músculos para bater de verdade. É assim que, aos 18 anos, ele sai uma noite, toma três cervejas e mata outro, porque não tem senso de proporção nem sabe onde está esse limite, que se aprende com o tempo.

A educação tem de proporcionar um gosto pela cortesia e pela atenção para com os outros, mas não devemos reprimir demais certos surtos de agressividade, sobretudo masculina; é uma parte dolorosa da pedagogia, mas um menino tem de aprender que, quando corre de maneira errada, pode cair e quebrar a perna. É preciso deixar que as coisas fluam por si mesmas. Um bom educador é aquele que sabe quando uma briga está se transformando num fato cruel e quando tem de dar um pouco de corda para que seja uma situação educativa. Os pais superprotetores gostariam que o filho aprendesse tudo da vida sem nada sofrer, sem passar pelas dores que outros tiveram para aprender o que é a vida e como o mundo funciona. Mas é um projeto impossível, assim não é possível aprender.

Uma das características de nossas sociedades de Primeiro Mundo é o excesso de codificação. Nos Estados Unidos, por exemplo, existe a ideia de que tudo pode ser codificado, e não é bem assim; os abusos devem ser contidos, mas não podemos determinar os limites de uma relação e obrigar a respeitá-los mediante um código penal.

Os jovens norte-americanos têm muito mais liberdade sexual do que nós tínhamos, é claro, mas o tratamento e os códigos usados para se aproximar de uma pessoa são tão estritos que acabam por ser absurdos. Nas universidades, para evitar abusos, o rapaz, antes de pôr a mão no joelho da moça que o atrai, tem de perguntar se ela deixa, caso contrário, trata-se de assédio sexual. Mas, se toda vez eu tenho de perguntar "Vou tocar na sua orelha; você gosta que toquem na sua orelha?", aí a coisa perde a graça.

Além disso, as relações sociais nem sempre são claras. Nem todas as pessoas que lhe dizem "não" estão dizendo "acabou"; às vezes, estão provocando, como se existisse um jogo social. Um político francês que esteve no Congresso de Viena dizia que as mulheres deveriam ser como os diplomatas, ou vice-versa, segundo o ponto de vista. Quando dizem "não" querem dizer "talvez", quando dizem "talvez" querem dizer "sim", e se disserem "sim", meu amigo, não é diplomata nem mulher.

Querer que todas as relações estejam num código penal, com uma responsabilidade penal, é um absurdo. É preciso ensinar as pessoas a conviver sem se dar porradas, é preciso ser duro com a violência que pretende tirar vantagem política pela intimidação, mas um pai que dá uns tapas no filho não pode ser tratado como se fosse Jack, o Estripador.

O curioso é que estamos gerando uma sociedade esquizofrênica; por um lado, há uma enorme violência latente e, por outro, se penalizam questões que pertencem ao âmbito da convivência e do senso comum.

Sobre a crise

Em alguns aspectos da crise, eu vejo uma responsabilidade compartilhada. O banco lhe concedeu um empréstimo porque você pediu e, evidentemente, o banco não o alertou sobre aquele texto com letrinhas miúdas, nem sobre os riscos; concordo, mas foi você quem pediu, e sem sequer recorrer a uma assessoria.

Conheço o caso de um gerente de banco, bastante exigente, que ficava desesperado quando via que pessoas com um nível de renda médio vinham pedir um financiamento. Ele as aconselhava a não pedir, pois já tinham contraído outras dívidas com o banco e agora estavam pedindo mais dinheiro para gastar na primeira comunhão da filha. Não sei se havia muitos gerentes assim, mas, se havia algum, é certo que terminaria com uma depressão nervosa ou na rua. Pois o banco queria arriscar-se concedendo esse crédito e as pessoas queriam arriscar-se pedindo o dinheiro. Ninguém queria renunciar a nada que fosse.

Só admito que isso seja uma trapaça com certas nuances, porque, quando alguém firma um contrato, tem de estar bem atento. Isso me lembra aquele golpe em que um senhorzinho acaba sendo trapaceado na rua justamente porque queria trapacear um outro que lhe parecia mais bobalhão do que ele próprio. Concordo, ele foi roubado, mas nem por isso é inocente, já que sua ambição foi além da conta.

Toda a crítica que os cidadãos venham a fazer aos bancos e aos políticos deve começar por um exame de consciência sobre o próprio comportamento, antes que a crise tenha iniciado.

O que todo mundo deve reivindicar é mais educação. Pois a única maneira de você saber se está sendo ludibriado, se pode pedir empréstimo a um banco ou calcular quanto vai lhe custar a devolução desse dinheiro, é receber uma boa formação, garantida pelo Estado, e a mais completa possível. Só assim o cidadão será capaz de perceber se a fonte de informação é transparente e se estão tentando enganá-lo.

Mas, na situação em que vivemos neste país, não me parece que possamos transferir toda a responsabilidade aos outros, aos dirigentes políticos, aos economistas e aos banqueiros.

Os cortes de ganhos que estão sendo feitos serão recuperados no futuro?

Nas cidades de veraneio, toda vez que chega a alta temporada os preços de quase todos os produtos sobem. Asseguram aos moradores que essa é uma medida transitória, que durará somente na temporada turística, para fazer mais caixa. Mas, quando chega outubro, os preços ficam exatamente onde estavam.

Esse exemplo pode ser aplicado à situação atual. Suponhamos que por causa da crise seja imprescindível fazer certas restrições. Mas se hoje os salários sofrem cortes, quem garante que amanhã serão aumentados? Os ganhos foram distribuídos antes, em tempos de bonança, quando se acumularam grandes lucros?

Não vamos recuperar esses ganhos, vão nos enganar e dizer que os recuperamos. Se diminuem o salário em 7%, vão subi-lo uns 3% dentro de vinte anos e dizer que recuperamos esses ganhos.

Isso acontecerá se nós deixarmos. Há uma milonga argentina que diz: "Muitas vezes a esperança é apenas uma vontade de descansar", pois eu acho que muitas vezes a desesperança também é. Conheço dois tipos de preguiçoso. Um é o que diz: "Não se preocupe que isso se arranja sozinho, é só dar um tempo". E isso não é verdade, porque, no fundo, o tempo, assim como o espaço, dá um jeito em pouquíssimas coisas, quer dizer, não dá jeito em nada. E o outro tipo é o grande pessimista desesperançado, que volta e meia lhe diz: "Nada pode ser feito, não há nada a fazer". E o que se espera é que depois de dizer isso ele abra a janela e se atire; mas não, prefere ir comer camarões. Só acredito no desesperançado se, depois de dar a má notícia de que o mundo não tem remédio, comece a dar cabeçadas na parede. Se não fizer isso, sinto muito, não vou acreditar nele.

Os bancos ficam nos pedindo ajuda, enquanto eles tiveram lucros abusivos. Por que temos de ajudá-los se foram eles que se comportaram de maneira imoral?

Sobre a crise

Um banqueiro ou gerente de banco pode lhe responder assim: "Você me pediu uma coisa, eu a concedi, e agora sou culpado de ter concedido sem lhe fazer mais exigências, sem verificar que você não tinha recursos nem sabia o que estava me pedindo". Quando nos queixamos do comportamento dos bancos, costumamos nos esquecer da ambição de seus clientes. E esse é um assunto muito complexo, porque em primeiro lugar está a responsabilidade das pessoas que pensavam que era normal viver acima de suas possibilidades financeiras. E depois está a responsabilidade daqueles que, no intuito de obter mais lucro, ajudaram a acreditar que isso era possível e normal.

O que é pior: ser tolo ou ser mau? Não existiriam trapaceiros se antes não existissem pessoas que, por sua ambição, pudessem ser trapaceadas. A maioria dos golpes se baseia no fato de que o enganado estava disposto a enganar outra pessoa. O golpista deve ser mandado para a cadeia, é claro; mas, em situações tão complexas como essa, também é preciso pensar que se havia criado um ambiente de consumo desenfreado, em que o normal era ganhar mais para consumir mais, sem tempo de parar e pensar como se poderia consumir de maneira mais responsável. É mau sinal você aceitar o dinheiro que lhe oferecem, até porque esse dinheiro não vem de graça, e em algum momento vão pedi-lo de volta. Nessa crise, muitos cidadãos se comportaram como ambiciosos ingênuos.

Entendo que os grandes bancos, quando recuperarem o capital, não vão devolvê-lo. E reconheço que é uma coação, um jogo sujo, quando eles nos pedem ajuda sob a ameaça de que, se assim não for, vai ser pior para toda a sociedade. Mas é que a crise tem tal amplitude que a divisão das responsabilidades deveria estar um pouco mais diluída.

Mas o especulador nunca termina na cadeia?

Um ou outro vai, sim, veja o caso de Madoff[32]. Mas você vai para

---

32 N.E.: Bernard Lawrence Madoff (1938-), investidor norte-americano, protagonizou uma das maiores fraudes financeiras da história, que provocou prejuízos estimados em 65 bilhões de dólares para instituições financeiras, fundos de investimento e organizações de caridade, e acarretou sua prisão pelo FBI em dezembro de 2008, sua condenação a 150 anos de cadeia em junho de 2009 e o suicídio de seu filho em dezembro de 2010.

a cadeia por ter feito coisas ilegais, e não necessariamente imorais. Moralidade não é o mesmo que legalidade: a lei o autoriza a fazer coisas imorais, coisas que você sabe que são más. A lei não resolve o problema moral de cada indivíduo. Por exemplo, uma mulher pode abortar legalmente aqui na Espanha, ninguém vai persegui-la; mas essa é uma questão sensível e, ainda que a lei permita o aborto, entendo que ele gere dúvidas morais nessa mulher. O mesmo pode ocorrer com o empresário: atualmente, com a reforma trabalhista, ele pode demitir seus empregados e lhes pagar indenizações bem baixas, mas se for uma pessoa sensível pode pensar que isso é uma canalhice e se rebelar. A lei descriminaliza algumas questões, mas não anula a deliberação moral que as acompanha. Dentro do marco legal, pode-se pensar e agir com moralidades muito distintas. Inclusive duas pessoas com as mesmas ideias sobre o que é bom e o que é mau podem dar matizes bem diferentes à moralidade.

Em que medida a crise pode prejudicar aqueles que se mantêm empregados?

Olhe, conviver consiste em tentar fazer com que a vida do outro seja melhor, para que a sua também seja. Pois é certo que qualquer um de nós irá desfrutar de mais qualidade de vida se estiver cercado de pessoas felizes. Hoje em dia, com a crise, qualquer pessoa sensível, ao saber que há tantos concidadãos sem trabalho, com expectativas ruins, em situações dramáticas, com filhos pequenos para alimentar, também sofre com eles. Você não faz isso apenas por bondade e sensibilidade, mas também porque sabe, intuitivamente, que a sua vida sentirá os efeitos de conviver com pessoas que estão angustiadas e sofrendo. Inclusive de um ponto de vista prático, de segurança, pois o sofrimento alheio torna precária a vida de todos e nos faz mais vulneráveis. Se essa situação persistir, as pessoas não apenas aprenderão a distinguir o essencial do acidental, como se costuma dizer, mas também estarão expostas a maiores riscos e perigos. De modo que seria conveniente nos recuperarmos o quanto antes, para que as pessoas que convivem conosco voltem a ser felizes, a estar contentes.

Capitalismo e Terceiro Mundo

O fato é que não me ocorre outro modelo senão o capitalista. Fundamentalmente, porque é tão variado e flexível que talvez o que existe hoje na China seja capitalismo. Na Alemanha, há um tipo de capitalismo distinto daquele existente nos países latinos, e nos Estados Unidos ele é tão diferente que consideram a previdência social e o sistema de saúde pública como contrários aos interesses dos cidadãos.

Todas essas nuances, todas essas variantes cabem num sistema que continua sendo capitalista. O meu modelo de capitalismo é aquele que diz que o Estado serve para ser o mediador entre o cidadão e os mercados. Agora que a Europa se afunda, estamos vendo para que serve o Estado: é uma barreira de proteção contra o mercado, para que você não tenha de enfrentá-lo sozinho.

Uma sociedade funciona melhor quando a maioria dos cidadãos tem mais razões para cumprir as leis do que para descumpri-las. As sociedades são pacíficas quando os benefícios de cumprir a lei e de se manter dentro da ordem institucional são evidentes. Quando o cidadão detecta maiores vantagens ao agir contra as leis, a sociedade começa a desmoronar.

O capitalismo que me agrada, por assim dizer, é um capitalismo mediado por um Estado que garanta proteções sociais redistributivas. Acho que as grandes revoluções da modernidade são a previdência social, o ensino público, a igualdade de homens e mulheres perante a lei... Essas são as únicas revoluções que eu conheço. Instalar uma guilhotina na praça, cortar a cabeça do czar... São coisas que aparecem nos livros de história, mas, na verdade, não têm muito efeito na vida cotidiana. Ou têm menos do que ir ao serviço público de saúde esta manhã para examinarem a cirurgia que me fizeram na mão. Essa é a revolução que importa e cujos benefícios, agora ameaçados, quero conservar.

O que deveriam incutir na criança ou no jovem é que a riqueza é social. O motor do capitalismo é a capacidade empreendedora das

Ética urgente!

pessoas, mas se essas capacidades e os benefícios que elas trazem funcionassem no vazio, seria impossível ser rico. De maneira que toda riqueza comporta responsabilidades sociais: aquele que ganhou um milhão não pode dizer "é meu" e levá-lo para as ilhas Cayman. E não pode porque o conseguiu graças a uma sociedade disposta a apoiar suas iniciativas. É verdade que a sociedade tira coisas positivas das iniciativas dos empreendedores, mas não há empresa ou negócio que possa prosperar à margem dos cidadãos. Essa é a base do pacto social com o qual permitimos que uma pessoa enriqueça, em troca de assumir certas responsabilidades sociais sobre sua riqueza. Essa dimensão pública da riqueza modera o indubitável impulso predador que o capitalismo tem. E é bom lembrar aos empresários que, em tempos de bonança, não levem o dinheiro embora, porque, quando entramos numa situação deficitária, eles são os primeiros a pedir ajuda à sociedade.

Se o senhor quisesse melhorar o sistema político da Espanha, o que proporia?

Melhorar a educação; não acredito numa mudança de sistema. Penso que devemos nos esforçar para melhorar o âmbito de nossa vida, pois interessa a todos nos movermos num ambiente alegre, onde as coisas funcionem bem. Isso para mim é política, a política é o que os cidadãos da *pólis* fazem, não é algo de que alguém possa se demitir. Como sou educador, sempre quis melhorar a política a partir da educação, mas haverá outras pessoas, com outros conhecimentos, que poderão tentar melhorá-la através da saúde ou do direito. Cada um tem suas capacidades, seu campo de influência e seus desafios.

Mas neste momento o nosso sistema tal como está, por mais que pensemos e façamos coisas alternativas, não vai servir para nada, porque quem manda aqui é a União Europeia, e ela não vai permitir que avancemos por outro caminho.

A União Europeia não é um ente único; ali trabalham pessoas com ideias muito diferentes. É um organismo pelo qual os europeus batalharam muito, justamente porque acreditavam que, quando ela se formalizasse, já não haveria lugar na Europa para novos Hitlers e Mussolinis.

Capitalismo e Terceiro Mundo

Para os outros países, o capitalismo é mais um Hitler.

Isso é o que você diz. Mas há pessoas que pensam o contrário: que, onde não há um sistema capitalista, o que há é um capitalismo de Estado disfarçado de comunismo, que impõe a pobreza a todos os seus cidadãos.

Durante muito tempo disseram que na Europa era impossível não haver guerras e ditadores. Era um continente com muitos interesses distintos, fragmentado em tantas nações, onde cada uma puxava a sardinha para o seu lado, sendo impossível entrar em acordo. Então, depois de uma guerra terrível, na qual o continente quase se destruiu, nasceu a União Europeia para demonstrar que aprendemos a lição. E, desde que esse organismo existe, os totalitarismos terminaram e não ocorreram mais guerras entre os países que a compõem. Até o momento tem cumprido seu objetivo, e agora ficamos dizendo que nos decepciona. Os seres humanos são assim, sempre queremos mais liberdades, mais segurança, queremos avançar continuamente. A União Europeia não é perfeita, mas é bom que exista; é melhor uma Europa unida do que todas as nações se confrontando.

O que precisamos fazer é participar para melhorá-la. Os valores da União Europeia não são utópicos, e sim ideais. A utopia é um lugar aonde você chega e tudo já está em ordem, e você pode permanecer vivendo lá. É muito cômodo, mas tem a desvantagem de não existir. O ideal, diferentemente, se parece com a linha do horizonte; você vai se aproximando, mas, à medida que se aproxima, ele se afasta. Todos os ideais políticos são assim: a liberdade, a justiça, a ética... Você pode caminhar em direção a eles, mas alcançá-los, nunca.

Mas não são ideais, são princípios.

São ideais porque você não sabe quais são os princípios, o que é a justiça, o que é a liberdade... Não dispomos de um princípio nem de uma definição clara.

O que devemos perceber é que existe justiça, mesmo que não seja perfeita, mesmo que não seja exatamente como gostaríamos. Para reconhecer uma sociedade como justa e igualitária, você não precisa esperar até viver em uma sociedade que tenha erradicado totalmente a desigualdade e a injustiça. Os ideais sempre estarão lutando contra seus opostos, mas nunca irão se concretizar de forma inteiramente pura. Só pelo fato de viver num país onde há previdência social, você já é cidadão de um lugar privilegiado em termos de justiça social, não apenas em termos históricos, mas também geográficos.

Mas eu não posso viver com a consciência tranquila num país que tem previdência social, enquanto na África muita gente não tem nem água para beber.

Mas a solução não é deteriorar nossa previdência social, e sim tentar fazer com que esse sistema seja organizado também na África. Que possam lutar para desenvolver um sistema democrático próprio, uma justiça limpa, um funcionalismo sem corrupção.

Mas não posso ajudar outro continente quando o meu também vai mal.

São Tomás falava de uma *ordo amoris*, isto é, todos temos uma ordem de preferência: primeiro cuidamos do nosso filho que está doente; quando o menino estiver recuperado, aí nos preocupamos com o filho do vizinho... O que não podemos fazer é cuidar dos filhos de todo mundo ao mesmo tempo. O certo é nos preocuparmos o máximo possível com as pessoas que estão à nossa volta, e é assim em todos os campos: educação, saúde...

Nós ajudamos a África, mas com interesses.

Aí temos outro sinal de melhora: a ajuda humanitária, os cidadãos comprometidos e os filantropos, como Bill Gates. Você pode desconfiar o quanto quiser do Primeiro Mundo, mas essas pessoas estão dando sem pedir nada em troca, e esse fenômeno de generosidade e compromisso é novo; não pense que existiu em outras épocas.

Pode ser que haja um erro de perspectiva, não estou dizendo que atualmente não existam problemas; eu os reconheço e são reais. A questão é que falamos das deficiências do presente como se fossem maiores do que nunca, ou piores do que em outros lugares. E isso não é verdade. Não se trata de fechar os olhos diante dos defeitos, e sim de perceber

Capitalismo e Terceiro Mundo

que não inventamos o mal, que o mundo sempre carrega consigo muita maldade e muitas imperfeições. É importante ter essa consciência, inclusive para não desanimarmos e podermos lutar para melhorá-lo.

Você não acredita que às vezes o Primeiro Mundo intervém na África por interesse?

Pode ser que as pessoas que derrubaram Kadafi não tivessem nenhum espírito altruísta. Aliás, o que é verdade, porque, até o dia anterior, eles eram os melhores amigos de Kadafi. Mas isso não tira o mérito de que essa ajuda veio para o bem da população.

Quando terminou a Segunda Guerra Mundial, a Europa ainda tinha ditaduras fascistas. Na Espanha, se acreditava que os aliados iriam intervir para acabar com Franco e dar lugar à democracia. É o que tinham feito no resto da Europa, e teria sido o lógico. No entanto, as potências mundiais fizeram um pacto em Ialta, pelo qual Stalin ficou com os países do Leste europeu, enquanto os aliados ficaram com o resto do continente e decidiram não tirar à força os ditadores da Espanha e de Portugal. Foi uma decisão boa ou má? É verdade que, depois de sair de uma guerra civil, tudo o que a Espanha não precisava era sofrer uma intervenção estrangeira. É claro que, se isso tivesse acontecido, nos teriam poupado quarenta anos de terror e de primitivismo. Não são questões fáceis de resolver, são problemas morais delicados. Eu não tinha muita simpatia por Kadafi, mas as imagens em que pessoas o esquartejavam pela rua tampouco me ajudam a ter esperança no futuro.

Possivelmente essa intervenção traga melhorias humanas para a Líbia. Sempre se poderá dizer que é uma intervenção hipócrita, que procurar humanizar mediante a guerra é um absurdo, pois a guerra é sempre um horror. Bem, até mesmo na guerra há coisas que se admitem e coisas que não se admitem, como disse Macbeth: "Eu me atrevo ao que se atreve um homem". Se você der um passo adiante, cairá fora da humanidade; de modo que, mesmo na guerra, há leis que ditam sua conduta, e não podemos negar que de intervenções militares, por mais hipócritas que fossem, às vezes saíram coisas favoráveis, como a ONU.

O que nos dá o direito de pedir a eles que melhorem seu sistema de previdência social?

Ética urgente!

Nós fizemos algumas revoluções para acabar com o privilégio e o domínio de uns poucos sobre os demais. Se não tivessem sido feitas, não teríamos nenhum direito moral; mas nós as fizemos e nos beneficiamos com isso. Concordo que só poderemos cooperar com esses povos se eles quiserem. Ajudar um cego a cruzar a rua, quando ele quer ajuda, é algo bom.

E se na África e no Terceiro Mundo as pessoas viverem melhor do que nós?

Eu me lembro de uma época em que as pessoas iam visitar a Albânia, que era então um regime comunista, e ao voltar diziam que ali se vivia muito melhor do que nós. Segundo esses visitantes espanhóis, os cidadãos albaneses eram uns privilegiados que viviam livres da dominação consumista, que não se importavam em usar sapatos de papelão nem que as lojas das cidades estivessem fechadas. É claro que, quando o regime comunista caiu, vimos que os albaneses não queriam nada daquilo, e sim viver uma vida a mais parecida possível com o resto dos europeus.

Ainda assim, acho que devemos respeitar seus costumes.

Nos anos 1920, foram inventadas as sulfamidas, uma substância indispensável para acabar com as infecções. Quando os missionários e os exploradores viajavam até a África, eles visitavam comunidades pequenas, que não conheciam as sulfamidas. Assim, todas as mulheres morriam de febre puerperal ao dar à luz o segundo filho. Pode parecer inacreditável, mas aquele massacre tinha lá suas vantagens sociais, já que as mortes durante o parto mantinham o equilíbrio da população, o que não era ruim para eles, que viviam em zonas restritas, com pouquíssimo espaço, e não suportariam um repentino crescimento demográfico.

Criou-se assim um dilema moral, porque, se as sulfamidas passassem a ser usadas e as mulheres não morressem no segundo parto, em lugar de dois filhos, elas teriam oito, o que provocaria um desajuste demográfico e social. Dependendo de como se olha, a chegada da civilização implicava a decadência e a destruição da velha cultura. Havia gente

Capitalismo e Terceiro Mundo

na Europa pedindo que não lhes dessem as sulfamidas; perguntavam que direito tínhamos nós de degradar uma cultura de séculos.

É verdade que ajudar os outros estabelece esse tipo de dúvida. Eu, como sou um típico iluminista, quero que deem sulfamidas a essas mulheres. Pois não creio que alguém prefira morrer aos 25 anos de uma enfermidade que não mata mais ninguém no resto do mundo. Se depois elas lhe disserem: "Olha, eu vou continuar vivendo na minha choupana", acharei maravilhoso, mas não me parece nada bom que, num mundo onde já se pisou em outro planeta, as pessoas sejam obrigadas a viver num raio de apenas dois quilômetros a partir de sua casa; que as crianças estejam condenadas a se conformar com isso, porque não sabem que existe todo o resto. Não, eu prefiro que expliquem a elas como é o mundo que as circunda, que o conheçam e que depois decidam o que querem.

Para mim não está claro se temos o direito de julgar os costumes de outros povos.

Todos os seres humanos compartilham a mesma razão; assim sendo, podemos julgar os costumes de outros povos. A ablação do clitóris, o fato de as meninas não poderem estudar ou escolher seus maridos... São costumes que podemos entender, alguns inclusive existiram entre nós. E, se depois de refletir sobre seus motivos e efeitos, continuamos a considerá-los ruins, por que não iríamos dizê-lo?

Os costumes não têm de ser respeitados como se fossem vacas sagradas. Não temos de aceitá-los sem mais nem menos, nem em nossas sociedades nem nas dos outros. Todas as culturas tiveram costumes cruéis, discriminatórios e violentos... que foram plenamente aceitos em suas épocas. Mas eram costumes ruins, e o progresso moral vem de nos opormos ao que é ruim, não nos conformando com o que é dado nem nos deixando intimidar por argumentos como "é o que sempre foi feito aqui" ou "o que você sabe sobre isso se você nem é daqui?". Outra coisa é que, para erradicar esses costumes, temos de argumentar e persuadir. Devemos expor a eles as diversas opções e deixá-los escolher. Não vamos chegar com um tanque, dando tiros para que sejam bons e abandonem esses hábitos perniciosos.

Ética urgente!

Mas não basta ajudá-los de qualquer jeito; deve-se ajudá-los com coisas que realmente necessitem.

Albert Camus escreveu num de seus apontamentos que em Paris todo dia ele se encontrava com um mendigo que morava perto de sua casa. Às vezes o escritor falava com o mendigo, e ele lhe dizia: "Não é que as pessoas sejam más, é que elas não veem". Isso é verdade, e a maldade está no fato de que, numa época em que dispomos de meios inusitados para nos comunicarmos, não vemos nem escutamos direito o vizinho. É certo que não se trata apenas de ver e ouvir, pois todos nós vemos um massacre e uma fome generalizada pela televisão e depois vamos terminar a nossa sopa; necessitamos de algo que nos motive mais, algo assim como uma escuta efetiva. Escutar a pessoa a ser ajudada é o mais importante, mas vê-la já é um passo.

Há um ditado que diz que, antes de dar um peixe a quem tem fome, é melhor ensiná-lo a pescar. Eu concordo com isso. É curioso que haja médicos sem fronteiras, palhaços sem fronteiras... mas não haja professores sem fronteiras; essa talvez seja a ONG que nos falta. Por outro lado, também é verdade que sempre aprendemos coisas uns com os outros; assim, se você escutar o indivíduo a quem está ensinando a maneira correta de tratar uma gangrena, certamente aprenderá algo com ele, porque todos compartilhamos a mesma racionalidade básica.

Como vamos acabar com a ditadura em outros países ou reformar o capitalismo, quando o que adoramos é ter um celular novo todo mês?

É uma boa reflexão.

Não se pode acreditar em ninguém que comece a criticar a sociedade, o sistema político e seus concidadãos sem antes criticar seu próprio comportamento. Não passa de hipocrisia você dizer: "Estou indignado com todos, menos comigo". A objeção que você faz aos outros pode ser justificada, mas não terá nenhuma credibilidade se você primeiro não pedir a mudança das coisas que lhe dizem respeito, em vez daquilo que só o incomoda.

Muitos de nós queremos o santo e a esmola, queremos ter celular e roupa a preço baixo, sem que haja exploração. Alguma vez já paramos para pensar se isso é compatível? Antes de ficar criticando, será que

Capitalismo e Terceiro Mundo

dedicamos uma hora para refletir sobre como poderíamos solucionar a situação que nos deixa tão indignados? Porque esses abusos entre sociedades não são inevitáveis, não é algo contra o qual não possamos lutar. Houve uma época em que a escravidão era tida como fato consumado, outra em que se discutiu sua abolição como um tema candente, da mesma forma que hoje discutimos sobre o aborto e a manipulação genética. Havia pessoas que argumentavam: "Já que vamos acabar com a escravidão, então teremos todos de colaborar na construção das pirâmides?". Hoje a escravidão nos parece uma monstruosidade, mas em sua época era vista como algo natural e imprescindível, um mal necessário. Muitos séculos foram necessários para que se rompesse essa impressão. Muitas das situações injustas de hoje, que nos parecem arraigadas e impossíveis de ser enfrentadas, talvez pudessem ser vencidas se aparecessem pessoas decididas.

O que eu acho é que podemos chegar a um meio-termo; pode-se ter celular e não trocá-lo a cada dois anos. Pode-se ter um celular e se preocupar com a situação dos demais.

É verdade que o problema dos celulares é o abuso. Não há por que prescindir de algo que nos traz grandes coisas, como também não há por que nos escravizarmos. A menos que seu uso seja excessivo e o aparelho nos domine. Mas não acredite que isso só acontece com os celulares; quando se trata do desejo humano, o perigo latente é sempre passar dos limites.

Os dois aspectos da vida que correm mais risco de se transformar em fins em si mesmos, e voltar-se contra nós, estão vinculados ao desejo humano: dinheiro e sexo. São coisas úteis, excelentes, cheias de possibilidades positivas, mas, por serem objetos de um desejo como o nosso, insaciável por natureza, deve-se ir com cuidado. Talvez o mais difícil hoje em dia seja dominar o desejo e controlá-lo, tendo em vista a enorme quantidade de estímulos que nos rodeiam; essa, sim, seria uma prova cabal de maturidade, e provavelmente ninguém consiga controlá-lo de maneira definitiva.

Esse tampouco é um perigo específico de nosso tempo. Sempre ocorreu, desde que os fenícios inventaram o dinheiro, no alvorecer da civilização grega; pelo que se sabe, não há uma época em que não se tenha abusado do dinheiro.

Ética urgente!

O senhor disse que, enquanto formos humanos e mortais, teremos de nos preocupar com a ética. Mas, se um dia alcançarmos um mundo justo, muitas de nossas preocupações morais não iriam desaparecer?

Isso seria se alcançássemos uma sociedade perfeita, mas essa é uma finalidade que não me parece plausível. Até mesmo nessa sociedade perfeita, em que tudo estivesse bem organizado, em que não houvesse roubos nem agressões nem abusos... O compromisso moral de cada indivíduo com todos os demais, o esforço para ser generoso, para dizer a verdade... continuariam a ser compromissos morais dependentes da própria vontade. Mesmo vivendo nesse paraíso, teríamos de continuar vivendo de acordo com a ordem moral, com precaução, para evitarmos a introdução de elementos negativos, nocivos, no tecido social.

A queixa e a preocupação moral não são ruins, sua existência é um bom sinal. Mas, como a perfeição não é algo humano, como sempre haverá algo que teremos de melhorar, a exemplo de setores da sociedade entregues ao crime ou à corrupção, é bom que continue vívida a faculdade de imaginar novas e melhores possibilidades das que estão em circulação. Nós vivemos uma vida que provavelmente pareceria o paraíso absoluto aos olhos de um homem do século XIV. Temos tudo o que ele poderia querer e coisas com as quais nem sonhava, e, no entanto, se começasse a elogiar exageradamente a nossa sociedade e o nosso tempo, certamente não demoraríamos a retrucar: "Não acredite, não é bem assim, isto aqui está errado, isso aí também, aquilo ali nem se fala...".

Essa é a questão. Embora desfrutemos de coisas que em outros séculos nem ousavam sonhar, sabemos que podemos sonhar ainda mais, manter vivas nossas exigências e que, quando todos os nossos problemas atuais estiverem solucionados, as pessoas que estiverem vivas nesse momento continuarão sonhando com novas melhorias.

Fonte Times Ten LT Std 11 pt
Simplon BP Mono 8,5 pt
Papel Pólen Bold 90 g/m²
Duo Design 250 g/m²
Impressão Rettec Artes Gráficas e Editora Ltda.
Data dezembro de 2014